中山出版
ZHONGSHAN PUBLISHING
香山承文脉　好书读百年

从零开始
学经济

王 君◎著

SPM
南方出版传媒
广东人民出版社
·广州·

图书在版编目（CIP）数据

从零开始学经济 / 王君著. -- 广州 ： 广东人民出版社， 2018.3
（2019.4重印）
　ISBN 978-7-218-12546-6

　Ⅰ．①从… Ⅱ．①王… Ⅲ．①经济学－通俗读物 Ⅳ．①F0-49

中国版本图书馆CIP数据核字(2018)第023540号

CONG LING KAI SHI XUE JING JI

从零开始学经济　　　王 君 著

出 版 人：肖风华

责任编辑：李锐锋　冼惠仪
装帧设计：陈宝玉
封面设计：

统　　筹：广东人民出版社中山出版有限公司
执　　行：何腾江　吕斯敏
地　　址：中山市中山五路1号中山日报社8楼（邮编：528403）
电　　话：（0760）89882926　　（0760）89882925

出版发行：广东人民出版社
地　　址：广州市大沙头四马路10号（邮编：510102）
电　　话：（020）83798714（总编室）
传　　真：（020）83780199
网　　址：http://www.gdpph.com
印　　刷：恒美印务（广州）有限公司
开　　本：787mm×1092mm　　1/16
印　　张：15.25　　　　字　数：171千
版　　次：2018年3月第1版　2019年4月第3次印刷
定　　价：39.00元

前　言

经济学是一门研究生产、流通、分配、消费价值及规律的理论。经济学的研究对象与自然科学和其他社会科学的研究对象相同，都是对客观规律的研究，经济学的重要性在这里可见一斑。

经济是人类特有的活动，能帮助人类实现价值的创造、转化与实现。人类经济活动就是价值的创造、转化与实现。因此，经济活动可以满足人类物质文化生活的需要。

本书从最基础的概念开始，把晦涩难懂的经济理论和各类经济现象相结合，用通俗易懂的语言，深入浅出地解析经济学，并且力求做到细致全面。

此外，经济学还是研究人类经济活动规律的理论，主要分为政治经济学与科学经济学两大类型。本书分为四部分，着重从政治经济学和科学经济学两个方面进行研究。

政治经济学是根据其所代表的阶级利益，为了突出某个阶级在经济活动中的地位及作用，自发地从某个方面研究的经济或价值规律；而科学经济学则是用科学方法，自觉地从整体上研究人类经济活动的经济或价值规律。

本书中提到的新常态经济学就是科学经济学，而经济学的核心则是经济规律。除此之外，本书涉及的经济学知识还有宏观经济与微观经济之分，但没有宏观经济学与微观经济学之别。

面对"经济学"这个庞大的科学概念，你是否依旧感到茫然和迷惑？看到一系列经济学图表、公式和数据分析，你是否觉得无从下手，觉得很头疼？其实，了解经济学并不难。经济学也可以变得妙趣横生。《从零开始学经济》就是这样一本通俗的大众经济学读物。

本书能够引导每一位读者入门，不管是对经济学略知一二，还是根本就是零基础，本书都能让你从此之后，面对经济学不再望而生畏。

本书包含了经济学基础原理、经济学常用术语、市场经济学、市场结构经济学、消费经济学、生产要素经济学、厂商经济学、宏观经济学、国际贸易经济学、金融经济、经济形势等内容，可以说包罗万象。

经济学常被人们称为"数钱的学问"，然而事实并非如此。在一定意义上，经济学其实是一种"行为效果学"。因此，本书利用经济学的分析方法，对社会的各个层面进行了深入、独到的解析。本书观点新颖，独辟蹊径，在为读者提供一种全新的学习方式上，具有深刻意义。

此外，《从零开始学经济》还有八大特色：

讲解经济常识，以实用性为主；列举热门经济学知识；呈现有趣的经济现象；细致分析经济格局；纵论经济形势；将经济学专业术语化繁为简；深入浅出地解析经济理论；配以图片，让读者更容易理解。

经济学是一门让人收获智慧与幸福的艺术。成年后，你最优先考虑的就是经济学！因为经济学与你的生活息息相关，无论是学习、工作、消费、理财等，经济学知识和原理无处不在。

本书的重点不在于教授读者那些深奥的理论，或者让读者通过学习数学、图表之类的工具来分析经济问题，而在于逐步引导读者，让读者能像经济学家一样思考，用经济学家的思维去思考问题，用经济学方式解决问题。

读懂经济学，你的生活就能多几分保障。经济学是聪明人的选择，请翻开本书，开始你的经济学之旅吧！

目录

第一篇　经济学就是让你做出正确的选择

第一章　像经济学家那样思考 2

　　学好经济有"钱"途 2

　　你是理性的"经济人"吗 7

　　棍棒打不死经济规律 11

　　经济学家眼中的价值 15

第二章　经济学必懂的六大原理 19

　　选择：阿里巴巴的成功，只专注于中小企业 19

　　机会成本：比尔·盖茨为什么要放弃学业 23

　　激励：牛肉面老板的绩效考核难题 26

　　边际效用：越来越乏味的春晚 30

　　看不见的手：无为而治的"文景之治" 34

　　政府干预：ICO被叫停 37

第三章　听懂财经新闻中的经济语 41

　　GDP：我们到底富了没有 41

　　CPI：收入怎么追上飞涨的物价 44

　　基尼系数：让政府揪心的贫富差距 48

　　恩格尔系数：测测你是哪个阶层 52

　　通货膨胀：从能买一头猪到只能买一个煤球 56

第二篇 生活中无处不在的经济学

第一章 收入经济学——月入多少才是人生赢家　62

　　稀缺性：获得高薪的奥秘　62

　　需求：猪肉涨价中的经济学公理　66

　　效用：我们的幸福感来自哪里　70

　　成本："换道超车"可以吗　74

　　品牌：吴京的崛起之路　78

　　投入与产出：刘德华不为人知的奋斗史　83

第二章 消费经济学——学好经济不上当　88

　　替代效应：葡萄涨价就吃香蕉　88

　　信息不对称：砍价为什么要砍一半　92

　　非理性因素："剁手党"的出现　96

　　价格歧视：公交票价背后的玄机　99

　　引导消费：KTV 为什么免费赠送花生和瓜子　103

第三章 投资经济学——你不理财，财不理你　108

　　股票投资：神秘的"股指"　108

　　套利：如何低风险赚钱　111

　　经济周期：一夜之间就经济危机了　114

　　复利：让你的财富成为滚雪球　119

　　消费者信心：比黄金和货币更重要的东西　123

第三篇　从经济中看清国家大势

第一章　中国经济是如何腾飞的　　128

外向经济：我们不能拽头发把自己拽起来　　128

改革：国企与发展是伪命题　　132

腾飞：制造业为什么是火车头　　135

世界产品，中国制造　　139

中国终于有钱了，然后借给美国　　143

国进民退，一开始其实是好事　　147

第二章　去产能，供给侧到底改什么　　151

苹果 VS 富士康，制造大国背后的心酸　　151

欧美打喷嚏，我们为什么跟着感冒　　155

存在即合理，雾霾必然与 GDP 齐飞　　159

少生产、多消费的供给侧改革　　162

调结构：国民经济的多米诺骨牌　　166

第三章　新经济政策对中国人的影响　　171

新政策，先让人民兜里有钱　　171

克强经济学，收回政府乱摸的手　　175

去杠杆，楼市没钱了怎么办　　179

"一带一路"到底高明在哪里　　182

新风向，雄安对于我们意味着什么　　186

第四篇　人生大事中的经济学

第一章　楼市经济学——房地产泡沫到几时　　192

　　羊群效应助长楼市的疯狂　　192

　　银行信贷与房价的关系　　196

　　超高租售比，高房价的尴尬经济学问题　　199

　　新政策下房价的走势　　202

第二章　教育经济学——读书无用是谬论　　205

　　北大学子卖猪肉，读书真的无用吗　　205

　　读书是最有价值的投资　　209

　　名牌大学，最有价值的资源是同学　　213

　　考研人数上升背后的经济诱因　　217

第三章　就业经济学——创业还是就业　　220

　　求职难与用工荒背后的故事　　220

　　创业 VS 就业，风险与收益　　224

　　创业就是在搏机会收益　　228

第一篇

经济学就是让你做出正确的选择

第一章
像经济学家那样思考

学好经济有"钱"途

很久以前，有一个幸运的人被上帝选中去参观天堂和地狱。

当与上帝一同来到地狱时，他看到了一群人围在一个大锅周围，大锅中是满满的肉汤。但奇怪的是，围在大锅旁边的这群人看上去都营养不良。因为大锅比较大，所以每一个人都只得用手中的汤勺才能够得到肉汤，但由于汤勺的柄要比他们每个人的手臂还要长，所以他们没有办法将汤勺中的肉汤送到自己嘴里，这让他们感到既悲伤又绝望。

当这个幸运的人与上帝一同来到天堂时，呈现在他眼前的却是另外一番景象。虽然这里同样有一大锅肉汤、一群人，以及一样长的汤勺。但在这里的每个人，脸上并没有流露出悲伤和绝望的神情，也没有人看上去营养不良。

原来，地狱和天堂的环境和条件都是一样的，但因为地狱的人都想着用汤勺为自己舀汤，而天堂的人却用长长的汤勺为别人舀汤。正是因为如此，才会出现地狱和天堂两种截然不同的生存状态。

一本经济学图书为什么要讲这样一个故事呢？因为这个故事很好地说明了经济学的内容。我们可以把上面故事中的要素进行分解，从而在其中寻找到经济学的普遍原理。

在上面的故事中，我们姑且将天堂和地狱看作是"人类社会"，而那锅肉汤则可以看作是人类所追求的物质财富，那一群人就是现实生活中的真实的人。人类的生存离不开物质财富的生产，而天堂和地狱中的人也需要通过肉汤来维持自己的生命。

在同样的条件下，为什么天堂中的人和地狱中的人却过着截然不同的生活呢？在故事的最后，我们可以看到天堂的人通过互相帮助来获得肉汤，而地狱的人却始终想着自己，所以没有办法获得肉汤。这说明由于不同的社会组织方式、不同的人际关系安排，便导致了在社会上人们生产财富的效率有所不同。

美国经济学家保罗·塞缪尔森在《经济学》一书中写道："经济学研究社会如何使用稀缺资源来生产有价值的商品，并把它们在不同的人之间进行分配。"那么经济学是否就是研究如何获得财富的学说呢？确切地说，经济学是研究人的学说，是研究人类社会如何组织，才能实现高效地生产财富的一门学说。

有的人认为学好经济学会很有"钱"途，经济学确实能够帮助人们更有效地获得财富，但这只是经济学中的一个很小的方面。真正的经济学研究的起点是人的本性，它所研究的是人的行为和与其相关的社会活动。真正懂得经济学的人，不仅会有"钱"途，更会在各个方面中都很有前途。

　　经济学作为一门社会科学，是社会科学中最具有决定性作用的一门科学。经济活动是其他一切活动的物质基础，而经济关系也是其他一切社会关系的物质基础。经济学是研究人类社会在各个发展阶段上的各种经济活动和经济关系以及其运行和发展规律的科学，是人们认识社会、改造社会必须要掌握的一种思想理论。经济基础决定上层建筑，一个社会的政治、法律都与这个社会的经济基础有着至关重要的联系，它们都是为了维护经济基础而存在的。

　　上面所提到的这些都是经济学对于整个社会的作用，其实经济学更多的是影响我们每一个人的日常生活。虽然对于没有接触过经济学知识的人来说，经济学与我们的日常生活似乎并没有什么联系，但实际上，经济学在我们的生活中往往无处不在。

　　在生活中，我们所进行的很多事情，其实都可以用经济学的知识去分析。在买房时，为什么房屋的价格会有高有低？在购物时，商场为什么会经常进行打折促销？在存钱时，为什么银行的利率会发生变化？很多时候，从经济学的角度来看待日常生活所发生的现象，不仅能够让我们更加清楚地认识生活，同时也能够让我们更加科学地去规划生活。

　　正如前面所说，学习经济学能够帮助我们做出更好的个人决策。同时学习经济学还能够让我们了解我们所生活的这个世界是如何运转的。这里所说的运转并不是地理学中所讲的物理学的运转，这里的运转更多的是让我们去了解一些社会的运行规律。

　　当想要吃一些好吃的东西时，我们会去寻找一家高档的餐厅；当想要放松一下时，我们会去寻找一家休闲中心；当想要和朋友见面谈天时，我们会寻找一家惬意悠闲的咖啡馆。我们为什么会做出这样的选择呢？这些餐厅、咖啡馆又是谁为我们安排的呢？

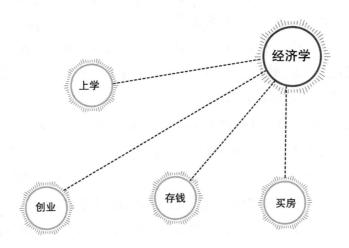

　　从经济学的角度来说，这其中便涉及需求和供给的一些内容，因为我们有了这方面的需求，所以相应就会出现这方面的供给。其实在我们生活的社会中，始终存在着一双"看不见的手"，正是这双手在为我们安排着一切。

　　另一方面，学习经济学可以帮助我们更好地了解政府的政策。很多时候，单纯地依靠市场中那双"看不见的手"并不能够保障整个社会的正常运行，很多时候还需要政府通过"看得见的手"来进行调控，从而达到社会资源的优化配置。

　　政府进行调控的一个重要手段就是制定政策。从我们个人出发去看政府的一些政策，似乎并不合理。或者说，很多时候，我们从个人角度出发，希望政府能够制定一个保护公民自身合法权益的政策。但是很多时候，从我们个人角度出发而制定出来的政策，很可能会反过来威胁我们的正当权益。

每一个人都希望自己能够通过最低廉的价格获得商品，这时很多人会认为政府应该出台一些限制商品价格的政策，来保障商品价格的稳定。之所以会有人提出这样的要求，很多时候是因为这些人并没有接触过经济学的知识，他们并不知道，如果政府真正出台了这方面的政策，最后，大多数消费者很可能会再也买不到相应的商品。

除了能够更好地理解政府的政策，经济学还能够帮助人们更好地改进个人思维方式。经济学作为一门科学，在很大程度上代表着一种思考问题的方式。我们在用经济学去考量现实生活中的各种问题时，需要首先将现实生活中的问题用经济学的语言来描述出来。只有掌握了经济学的相关语言之后，我们才能够更好地运用经济学的知识去解决生活中的问题。

前面我们提到了需求和供给，相应的经济学语言还有机会成本、弹性、消费者剩余、比较优势、均衡等，这些都是经济学的基本语言。在后面的内容中，我们将会详细地介绍这些不同的经济学语言。在掌握了基本的经济学语言之后，我们才能够慢慢地养成用经济学的思维方式去思考问题的习惯。当我们能够用经济学的思维方式去思考生活中的各种问题时，很多原本复杂的社会现象便会变得简单起来。

回到经济学有"钱"途的问题上来，经济学能否帮助我们获得更多的财富呢？这个答案虽然不是百分百的确定，但在很大程度上，答案是肯定的。经济学从人的本性角度出发，研究与人相关的各种社会问题，从整个社会来讲，人们对于经济问题的观点将会影响到经济效益的高低，而如果一个人能够按照经济原则去行事，那么他的效率便会提高，最终则会获得更高的收益。所以说，学好经济学是大有"钱"途的。

你是理性的"经济人"吗

从前有一座很高的大山，山上住着一位神仙。山上的神仙能够帮助人们实现各种愿望，但由于神仙住的山太高，并没有人真正见到过神仙。

一天，有两个年轻人想让神仙帮忙实现自己的愿望，他们便一同结伴来攀登神仙所在的高山。神仙看到他们互相帮助一起爬山，非常感动。神仙决定，只要他们能够爬到山顶，就一定帮助他们实现愿望。

两个人爬了很长时间，终于到了山顶。神仙见到两人，对他们说："我将会帮助你们实现愿望，第一个人有一倍的愿望，第二个人有两倍的愿望。"两个人互相看了看，一个人说："我年轻，让你先讲。"第二个人则说："我年长，让你先讲。"看到两个人不断推让，神仙又说："先讲的人可以获得一座金山，后讲的人可以获得两座金山。"但两个人仍然在不断地互相推让，谁都不肯先说。

神仙开始有些不耐烦了，说道："这是最后一次机会了，如果你们仍然没有人说出自己的愿望的话，那就两个都不给了。"看到神仙准备离开，年轻人马上说："我瞎一只眼。"很快这个年轻人的一只眼睛便看不见东西了，而另外一个人则两只眼睛都看不见了。

看到上面这个故事，可能很多人都会觉得可笑，但事实上，这个故事中的两个人在现实生活中却并不少见。这类人往往表现得很自利，经常会为了一点利益而斤斤计较，总是希望自己得到的利益要比别人多；如果自己得不到利益，也不希望别人得到利益。从经济学的角度上来说，这一类人一般被称作理性"经济人"。

不止这一类人，经济学认为所有人都是理性"经济人"，每一个人行为的目标都是为了个人利益的最大化。就像上面故事中的两个人，虽然两个人在爬山的时候互帮互助，但在实际的利益划分面前，也会变得理性与自私起来。其实两个人互相帮助进行爬山，也是为了能够最终到达山顶而采取的行为方式，因为靠一个人的力量很难爬到山顶。

理性"经济人"又被称为"经济人假设"。经济人就是以完全追求物质利益为目的而进行经济活动的主体。每个经济人都希望可以通过尽可能少的付出，来获得最大限度的收获，而为了获得最终的收获往往又会不择手段。

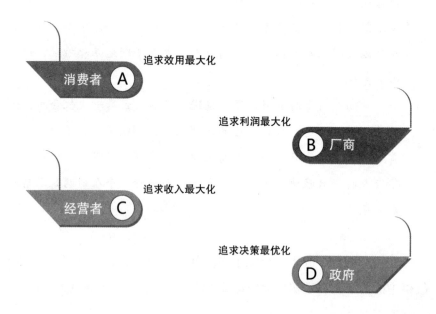

在经济学史上，亚当·斯密是第一个应用"经济人"假设的经济学家，他在《国富论》中写道："我们每天所需要的食物和饮料，不是出自屠户、酿酒家和面包师的恩惠，而是出于他们自利的打算。"

亚当·斯密认为"经济人"作为经济活动的主体，主要具有两方面的特质，一个是自利，另一个就是理性。自利就如我们所理解的一样，指人们的行为动机主要为了实现自己的利益。而理性则是指人们的行为具有目的性，同时人们会分析各种手段关系来达到自己的目的。

亚当·斯密还认为"经济人"会在"无形的手"的引领之下，在不自觉中对社会的改进尽力而为。在一般情况下，一个人为了追求自己的私利，虽然并没有想要对社会做出贡献，但实际上，个体利益追求的一个无意识的结果就是社会利益的实现。

显然，亚当·斯密对于"经济人"十分推崇，很多时候，他自己便是一个典型的"经济人"。在亚当·斯密的生活中，很少会出现非理性的行为，他认为缺乏理性指导的行为在效率上是十分低下的。

在这里，可能很多人对于理性"经济人"有着和亚当·斯密不一样的看法，在这个讲求劳动和奉献的社会，理性经济人似乎显得有些格格不入。关于这一点，我们应该清楚经济学上的理性"经济人"只是一种假设，它的意思是每个人都能理性地选择对自己有利的方面，而在生活中我们会发现，这种假设十分符合事实，可以说是一种对于人性的准确判断。

"经济人"是经济学对于人性的一个假设，但实际上人性也并非只有理性和自利的一面。亚当·斯密曾在《道德情操论》中阐述过人性不同于"经济人"一些其他方面的特质，例如同情心、正义感以及行为的利他主义倾向，而这些特质也正是人的道德性的体现。亚当·斯密的这种伦理思想后来被逐步发展成为"道德人"理论。

在这里，我们不去讨论"道德人"的问题，仍然将关注的焦点放在"经济人"方面。解释了这么多关于"经济人"的内容，那么了解这个概念对于我们究竟有什么用呢？这里面就需要联系一下我们的实际生活了。

在这里，我们列举一个生活中十分常见的例子。"双11"在近几年来已经成了一个标志性的购物节日，除了各大电商平台的促销活动之外，许多线下的平台也纷纷加入到商品促销中。在这一天，大多数人会将自己一年四季可能会使用到的东西全部添加到购物车中，甚至很多时候可能根本用不上的东西，也会有许多人争抢着要购买。为什么会出现这样的现象呢？

大多数人认为出现这种现象的原因在于商品促销，价格便宜，所以人们会争相购买。在经济学上，这种现象则是一种"非理性"的经济行为。从理性经济人的角度出发，每一个市场主体都是理性的、利己的，在"双11"抢购中，商品促销，价格便宜，所以出于利己的目的，很多人会购买商品。但在另一方面，很多人疯狂地抢购很多平时用不到的商品，却并不是一种理性的行为，这种行为的结果是不仅没有达到利己的目的，反而白白损失了自己的利益。

既然人人都是理性的"经济人"，为什么在抢购中，会出现这种并不理性的现象呢？在这里我们还需要再认识一个概念，那就是"有限理性"。

有限理性是由美国经济学家赫伯特·西蒙在20世纪40年代提出的，他认为有限理性是人的行为，既是有意识的理性，但同时这种理性又是有限的。一方面人们面临着复杂的社会环境，随着交易活动的增多，其中的不确定性也逐渐增多，人们所能够获得的信息也就越来越不完全。另一方面，人们自己的知识和对于环境的认识能力是有限的，所以对于经济活动的方方面面不可能完全了解。

虽然经济人的主观意愿是最大限度地获得利益，但最终能否获得利益则是另外一回事。正如前面的"双11"抢购一样，因为人们对事物的认知以及知识能力的有限，并不是每一个人都能够完全理性地看待这个问题，所以才会出现"过度抢购"的现象。

经济学中所说的理性"经济人"并不是在强调人性中的利己特性，更多的只是在承认人性中的这一普遍特质。在现实生活中，人们不可能为了实现自身利益的最大化而不择手段，当出现了这种现象之后，这一类人将会受到法律的处罚。

在理性"经济人"的概念中，理性十分重要。在经济活动中，我们虽然没有办法做到完全理性，但是能够避免自己陷入非理性的漩涡中。想要在经济活动中变得理性，就需要更多地去学习相关的经济学知识，同时扩大自己对于经济和社会环境的认知，这样我们才能够更好地做出决策，从而在合理合法的范围内，让自身所获得的利益最大化。

棍棒打不死经济规律

在1875年的一天，美国的一家肉类食品公司的老板在看报纸时发现了一篇报道。该报道提到墨西哥发生了畜类瘟疫，这一消息让这位老板一下子变得坐立不安。

在他看来，如果墨西哥真的发生了瘟疫，一定会很快传播到相邻的美国城市，得克萨斯州和加利福尼亚州将会成为第一批受影响的地区。而对这位老板来说，这两个州是美国最为主要的肉类食品供应地，一旦发生瘟疫，政府肯定会下令禁止这两个州的肉类食品外运。

为了弄清楚墨西哥瘟疫的真实情况，这位老板派自己的私人医生前往墨西哥进行考察，很快便得到了墨西哥发生瘟疫的确切消息。而且墨西哥不仅发生了畜类瘟疫，情况还十分严重。了解到这一情况，这位老板迅速在得克萨斯州和加利福尼亚州购买了大量的牛肉和猪肉，迅速运到美国的东部地区。

几天之后，墨西哥的瘟疫果然传播到了美国，得克萨斯州和加利福尼亚州也迅速颁布了禁运肉类食品的禁令。一时间，美国市场上因为肉类产品的短缺而导致了价格暴涨，当然这位老板凭借前期购进的肉类食品获得了巨额的利润收入。

在大多数情况下，市场有自己的运行规律，它的运转并不会以经营者的个人意志为转移。对于经营者来说，虽然无法改变市场的运行规律，但却可以通过充分发挥自身的主观能动性，认识和利用规律去为自己创造利益。正如上面故事中的老板一样，他便是利用了各种经济规律之间相互制约的关系，才在市场中获得高额的收益。

经济规律是在社会经济发展的过程中，不以人们的意志为转移的客观的、内在的、本质的、必然的联系。人们在社会生产和生活中的各种经济活动会表现为不同的经济现象，而各种经济现象的内在的、本质的、必然的联系就是经济规律。

上面故事中所蕴含的经济规律就是价值规律，这也是市场经济的基本规律。价值规律是商品生产和交换的基本经济规律，同时表现为价格围绕价值上下波动。一件商品价格的变化在很大程度上受到市场供求变化的影响，二者表现为一种相互制约的关系。

美国肉类食品价格的上涨，正是由于瘟疫的影响，使得市场上肉类食品的供应减少，但这种价格的上涨并不会持续太长时间。当人们看到肉类食品有利可图时，往往会向市场大量投放这类产品。随着肉类产品的逐渐增多，很可能经过一段时间之后，美国肉类食品的价格会因为供过于求而出现价格下降。而在一个较长的时期内，在价值规律的影响下，价格最终仍然会回归到与价值相适应的水平上。

马克思认为，市场经济作为一种比自然经济和商品经济更为发达、更为复杂的经济形式，它的运行在很大程度上需要遵循一定的规律。在他看来，除了价值规律以外，市场经济还具有平等自愿规律和竞争规律。

"在任何情形下，在商品市场上，只是商品所有者与商品所有者相对立，他们彼此行使的权力只是他们商品的权力，商品的物质区别是交换的物质动机，它使商品所有者互相依赖，因为他们双方从没有他们自己需要的物品，而有别人需要的物品。"马克思认为在市场经

商品的价值量由社会必要
劳动时间决定

价值
规律

市场供求影响商品价格

商品价格以价值为中心
上下波动

济中，每一个商品生产者都是平等的主体，而每一个市场主体之间又相互并存、相互对立，每一个人手中都拥有别人所需要的物品，也正是这一原因，使得交换成为可能。

每一个商品的所有者都不拥有任何的特权，所以交换往往是自由的、自愿的行为，这也是平等自愿规律的一种重要表现。

在另一方面，马克思认为竞争规律是市场经济的一个重要运行规律，有市场经济就会存在竞争。很多时候，正是竞争规律在调节市场参与者之间的利益关系。马克思将市场经济中的竞争划分为卖主之间的竞争、买主之间的竞争和买主与卖主之间的竞争。

同一种商品的卖主会相互竞争谁能够卖出更多的商品。他们会通过各种营销手段来保证自己在竞争中获胜，这种竞争在很大程度上会降低商品的销售价格。同一种商品的买主之间也会发生竞争，每一个买主都希望能够买到更多的商品，所以在很大程度上，这种竞争会导致商品价格的上涨。

买主与卖主之间的竞争，则更复杂一些。卖主希望能够将商品卖出一个好价钱，而买主则希望能够尽量通过最低廉的价格来获得产品。这种竞争的结果往往要根据双方对比关系来决定。

列宁曾说："马克思把社会运动看作服从于一定规律的自然历史过程，这些规律不仅不以人们的意志、意识和愿望为转移，反而决定人们的意志、意识和愿望。"不仅是社会运动，在经济活动中这一论断依然成立。

马克思所提到的这些市场经济的规律与自然规律一样，都是客观过程的内在联系，无论是产生还是发展，都不会以人的意志为转移。不管人们在主观上是否承认经济规律，它都会客观存在，同时在市场经济活动中发挥着重要作用。

在很多时候，一个社会有着怎样的经济条件，就会产生出与之相适应的经济规律。对于这些经济规律，人们能够发现、认识和总结，然后利用经济规律为自己进行经济活动服务，但是却没有办法创造、改变和消灭经济规律。

在经济学界中有一句话叫作"棍棒打不死经济规律"，其所说的正是经济规律的这种客观性。经济规律往往存在于市场中，市场中的任何个体都没有办法改变经济规律，即使是依靠行政的强制力去取代经济规律，也不会产生任何作用，还可能会遭到经济规律的惩罚。

想要让经济正常发展，就必须让市场自己做主，市场能够根据自身的经济规律来调节其中每一个个体的活动，这样市场才能够健康发展。当市场由于经济规律的局限性而无法正常运转时，政府通过强有力的行政手段来进行适当的调节，这样便可以更加稳定地保障市场的运行。

在市场经济活动中，"棍棒"必不可少，但真正维持市场正常运行的依然是市场中的经济规律，只有以经济规律为主，"棍棒"教育为辅，才能促进市场健康向上发展。

经济学家眼中的价值

在很久以前有一个穷人，除了有一只用来乞讨的木碗，就什么也没有了。可以说这只木碗是他唯一的财富，无论走到哪里，他都会带着这只木碗。一天，穷人搭船出海，但由于海上风暴，穷人搭乘的船被风浪击碎。幸运的是，穷人并没有溺水而死，反而凭借着一块浮木漂到了一个岛上。岛上的部落酋长对穷人手中拿着的木碗很感兴趣，于是用一大袋钻石换走了穷人的木碗，并将穷人送回了家。

这个消息很快传到了当地一个富人的耳中，富人认为一只木碗都能换回这么多财宝，那么如果自己送去很多美味的食物，岂不是能够换回更多的财宝吗？很快，富人带着整船的美食来到了穷人去过的小岛。部落酋长对于富人所带来的礼物很满意，并且答应要送给富人一件最为珍贵的东西。正当富人暗自得意时，酋长将从穷人那里换来的木碗交给了富人，这便是酋长最为珍贵的东西。

在上面的小故事中，我们可以发现，同样的一只木碗却换到不同的两种东西：穷人用木碗换到了一大袋钻石，富人则用一船美食换到了一只木碗。之所以会出现这种现象，主要是因为在酋长的眼中，木碗的价值与一袋钻石和一船美食是相等的，所以酋长才会和穷人与富人进行交换。在这个故事中，涉及一个十分重要的经济学概念——价值。

在经济学范畴中，"价值"是一个不可忽略的关键概念。作为价值理论的基础，价值概念在经济学体系中具有相当重要的地位，并直接影响着在此基础上建立的价值理论和经济学体系的性质。正因为价值概念的重要性，在不同的经济学家眼中，价值概念的涵义也是各有不同的。

在当今经济学界中，存在着三大价值理论，分别是马克思劳动价值理论、新古典均衡价值理论和斯拉法价值理论。

马克思的劳动价值理论体系更多的是在批判和继承英国古典经济

学，它是在大卫·李嘉图的劳动价值理论的基础上创建发展而来的，是一种揭露资本主义经济运行最本质规律的经济理论。

新古典经济学的均衡价值理论体系是由英国经济学家阿尔弗雷德·马歇尔所创建的，这一理论体系以综合生产费用价值理论、边际效用价值理论和供求价值理论为基础。随着后世几代经济学家的不断发展和完善，现在这一理论体系已经成为西方经济学中的主流价值理论。

斯拉法的价值理论体系则由英籍意大利经济学家皮埃罗·斯拉法所创建，其理论体系的基础也是大卫·李嘉图的经济学理论。斯拉法创建价值理论体系的目的是为了批判新古典经济学的边际分析方法，复兴从亚当·斯密到大卫·李嘉图的古典经济学传统，因此这一理论又被称为"新李嘉图主义"。

马克思经济理论的研究目的是解释资本主义运行的最本质规律，同时找到资产阶级与无产阶级对立的经济根源，并指出资本主义必然走向灭亡的根本原因。马克思从劳动价值理论中提出了剩余价值的概念，他认为整个资本主义生产过程就是剩余价值的生产过程。剩余价值理论是马克思经济理论的基础，而剩余价值理论又以劳动价值理论为基础，所以价值也就成了马克思整个经济理论中最为基本的概念。

三大价值理论所描述的都是人与人之间的相互关系，但对于价值的定义和描述却各有不同。

马克思劳动价值理论认为，价值所反映的是交换背后人与人之间的社会关系，并将价值定义为"凝结在商品中的无差别的人类劳动"。在马克思看来，一种商品之所以能够与另一种商品进行相互交换，主要是因为这两种商品中所蕴含的人类的劳动量是相等的。两种商品之所以能够交换，主要是因为二者的价值是一样的。

新古典均衡价值理论所反映的则更多是人与物之间的关系。在均衡价值理论中，一方面是人们的需求以及这种需求的满足所带来的效用，另一方面则是满足这种需求所需要付出的代价。均衡价值理论认为需求决定了均衡价值所决定的核心，所以在新古典均衡理论中，价值往往表现为某个物品交换另外一个物品的比例，而这种比例则正是这两种物品在市场中的稀缺度的反映。

斯拉法在自己的价值理论中，并没有明确提出价值的定义。但从其价值理论的内容可以发现，斯拉法价值理论的实质更加接近于新古典均衡价值理论。这一理论中的价值是一种相对的价值，也表现为一种商品交换另一种商品的比例关系。这一比例则是由生产过程中的技术与物质条件来决定的。

价值作为经济学中的一个重要概念，是学习和了解经济学的基础。对于刚刚接触经济学的初学者来说，弄懂价值概念十分重要。

第二章
经济学必懂的六大原理

选择：阿里巴巴的成功，只专注于中小企业

    1999 年，在浙江省杭州市的一个公寓中，一个个子不高的年轻人在满怀激情地演讲着。在台下，有 18 个同样年纪的年轻人正在出神地聆听着这个年轻人的演讲。台上的年轻人手舞足蹈地讲述着自己的理想，以及对于未来社会的想象。这种看上去乌托邦式的宣讲却并没有引起台下听众的不满，整个公寓中一直回荡着年轻人激情澎湃的讲话声。

    这个年轻的演讲者就是阿里巴巴集团的创始人马云，而在台下聆听他宣讲的则是后来被称为阿里巴巴"十八罗汉"的阿里的初创者们。在这次演讲中，马云和伙伴们始终在讨论如何用互联网去做生意，互联网将会如何改变未来社会的问题。马云在诉说着自己未来的理想，伙伴们也纷纷表达自己的看法。经过了一系列的讨论和意见交流之后，大家一致决定要通过电子商务来改变中国社会，而在这个决定确立之

前，这些人还需要面临一个重要的选择。

　　在年轻人富有渲染力的演讲结束之后，场下的众人开始议论起来，慢慢地，大家确立了电子商务的发展方向。但同时还面临着一个必须要解决的问题：是面对大企业开展工作，还是面对小企业去发展业务。这个问题让现场的气氛从火热一下子变得冷清了许多，没有人能够轻易做出决定，但这种冷清的氛围并没有持续太长时间。台上的年轻人"敲响了手中的锤子"，他要专注于为小企业服务。

　　对于刚刚成立的阿里巴巴来说，是面对大企业做电子商务，还是面对小企业做电子商务，这的确是一个难以抉择的问题。如果做大企业，相对来说挣钱是十分容易的，如果搞定一个大企业可能就能保证自身整个一年的运营收入。但对于马云来说，阿里巴巴并不擅长于通过公关手段去搞定大企业，专注于深耕小企业，才是阿里巴巴的归宿所在。

　　在马云看来，小企业虽然不像大企业那样能够为阿里巴巴带来丰厚的资金收入，但小企业往往都是最具有创新力的公司。相比于大企业来说，小企业在数量上具有绝对的优势，如果能够将众多的小企业聚拢在一个生态系统中，就能够形成足以抗衡大企业的力量。更何况，大企业也是从小企业一步一步发展而来的。

　　阿里巴巴的成功在很大程度上是由于它专注于小企业的发展，正是将众多小企业的力量集合在一起，才形成了现如今强大的阿里巴巴。那么在阿里巴巴的成功之中，我们能够学习到哪些经济学的原理呢？正如前面所介绍的内容，对于阿里巴巴来说，选择是一个十分重要的成功因素。

在大多数人的认识中，选择似乎只是一个哲学上的概念。而事实上，选择还是经济学中的一个重要的原理。当一个人在面临选择和决策时，他们都会自然地做出趋利避害的决策，从而选择对自己利益最大化的结果。权衡取舍是曼昆的一个重要的经济学原理，在他看来，人们为了得到一样东西，就必须舍弃另一样东西，正所谓"鱼与熊掌不可兼得"。

诺贝尔经济学奖获得者、英国经济学家约翰·希克斯在《价值与资本》中指出，政治经济学是研究人类选择行为的科学。同为诺贝尔经济学奖获得者的美国经济学家保罗·塞缪尔森也认为，经济学是研究人和社会如何做出最终抉择的科学。

加拿大经济学家迈克尔·帕金曾说："从你每天早上醒来的一刻到你每天晚上再睡下的一刻，你的生活充满了选择。"人的一生中处处充满了选择，小到穿衣吃饭，大到求学经商，选择有大有小，而这些大大小小的选择最终将会影响到每一个人的人生。

在经济学角度上的选择，就是要在正确计算成本和收益，正确评估风险之后，做出明智的选择。因为市场资源稀缺，消费者必须要学会做出选择。对于消费者来说，选择如何配置现有资金从而达到最佳的投资效果，选择如何高效利用时间获取财富，选择如何通过最少的支出来满足自己的欲望，选择生产什么类型的产品，选择提供什么种类的服务，这些都是经济学中的选择问题。

前面所提到的阿里巴巴集团的抉择也是一个经济学上的选择问题。马云也正是运用了经济学的思维方式，才做出了专注于小企业发展的决策。那么经济学究竟是如何解决我们每天所面临的选择问题的呢？

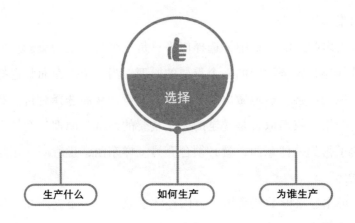

在面临选择的问题时，运用经济学的思维方式去思考得出的结果就是选择机会成本小的一方。如果从生产和消费方面来说，就是选择那个能够为我们带来更大效用的商品去消费，或者是选择能够为我们带来更大收益的商品去生产。可能看到这种解释，我们会以为经济学中的选择和我们生活中的选择是一样的，都是追求更高的利益，而实际上，经济学在逐利这方面明显要更严格一些。

在现实生活中，我们所面临的选择错综复杂，而不同的人在面对不同的选择时，也会做出不同的选择。在面对生死时，大多数人会选择生存下来，而那些具有高尚品质的人却会选择舍弃生命来追寻大道。

在经济学范畴中，这种舍生取义的现象是不会出现的。在前面我们所提到的理性"经济人"假设中，理性的"经济人"都是严格遵循利己原则的，所以经济学范畴中的选择，更多的也是遵循着利己逐利的原则。

无论是在生活中，还是在经济学范畴中，选择都是非常重要的。在面对选择时，能够综合分析各个方面的因素，从而做出正确选择的人，才能够在残酷的竞争中生存下来，并在不断选择中发展下去。

机会成本：比尔·盖茨为什么要放弃学业

在一条似乎看不到尽头的大路上，一头瘦弱的驴子艰难地行走着。它已经很长时间没有吃到东西了，四条腿快支撑不起它瘦弱的身体。在不知走了多远之后，它看到前方不远处有两堆嫩草，于是使出全身最后的力气跑向了草堆的方向。

在来到草堆旁边时，驴子有些发蒙了，它站在两堆嫩草边思考了起来。因为两堆嫩草都十分鲜嫩，它不知道应该先吃哪一堆。驴子始终在草堆周围徘徊，因为拿不定主意先吃哪一堆好，最终饿死在了草堆旁边。

"这可真是一头蠢驴！眼前放着新鲜的嫩草，竟然还在犹豫不决，真是长着一个驴脑袋。"可能大多数人看完上面的故事，都会说出这样的话来，但是如果我们从经济学的角度来看待这头驴的行为的话，那么可能它并不是一头蠢驴，而只是一头不知道取舍和选择的驴而已。

想要理解上面故事中所蕴含的经济学原理，我们还需要再来了解一个故事：

小王现在是一名纸箱生产厂的员工。一个月之前，小王获得了两个不同的工作机会，一个便是现在的纸箱生产厂的工作，另一个是附近食品生产厂的工作。因为两个工作的工作时间和月工资水平都一样，所以小王在选择时并没有过多地考虑，匆匆忙忙地便选择了纸箱厂的工作。

但在工作了一个月之后，小王发现虽然纸箱生产厂和食品生产厂的月工资和工作时间都相同，但食品生产厂每个月都会给员工发放一些食品。如果遇到重大节日还会发放更多的食品补助，但在纸箱生产厂却没有这种福利。小王非常后悔，认为自己做出了一个错误的选择。

从小王的故事中，我们可以发现，小王因为自己的选择而每个月都损失掉了一些福利。小王为此感到很后悔，认为自己的选择出现了错误。那么小王究竟错在哪里了呢？从经济学角度来说，小王错在了机会成本的计算上面。

机会成本是由奥地利学派经济学家弗里德里克·冯·维塞尔提出的。在他看来，影响决策的成本是为某一目的的使用生产要素时所放弃的最为重要的其他选择机会。机会成本是潜在利益的减少，而不是实际发生的支出。

机会成本又被称为选择成本，是指做一个选择之后所丧失的不做这种选择而可能获得的最大利益。简单来说，机会成本就是一种代价，是为了得到一种东西而必须放弃另一种东西的代价。无论是本节开头驴子的故事，还是上面小王的故事，其中都涉及了机会成本这一经济学原理。

对于驴子来说，两堆嫩草都对其具有很大的吸引力，无论是选择哪一堆，都会造成机会成本的损失，正是没有办法放弃其中的机会成本，驴子才会活活饿死在两堆嫩草旁边。而小王则因为选择了纸箱生产厂，失去了在食品生产厂中能够获得的利益，这便是小王所失去的机会成本。

比尔·盖茨从哈佛大学辍学创业的故事可以说家喻户晓。与比尔·盖茨有着相同经历的还有苹果公司的创始人史蒂夫·乔布斯，以

及 Facebook 创始人马克·扎克伯格。这些人都是中途辍学之后开始了自己的创业道路，最终都取得了极大的成功。那么为什么这些人非要放弃自己的宝贵学业，而开始一段前途并不明确的创业之路呢？原因还是在于我们所提到的机会成本。

对于当时的比尔·盖茨来说，摆在他面前的有两个选择，一个是继续完成学业，另一个则是辍学之后，专心投入到创业中。我们知道，在这两个选择中，比尔·盖茨选择了后者，也就是说比尔·盖茨放弃了完成学业之后获得学位的这个机会成本。他之所以会放弃自己的学业，就是因为在衡量了两种不同选择得到的机会成本之后，认为专心创业所获得的"利益"将会更大。

可能有人会说，比尔·盖茨可以选择一边继续学业，一边开始创业，虽然没有事实来证明这一选择是否可行。但从机会成本的的角度来看，鱼与熊掌都想兼得的人，最后往往会落得"竹篮打水一场空"的下场。

产生机会成本的原因是资源的稀缺，正由于资源的有限，人们为了能够得到自己想要的东西，就必须学会放弃。一项选择的机会成本，就是所放弃的物品或者劳务的价值。有关机会成本这一原理，有几个方面是必须要注意的。

首先，机会成本中所涉及的机会必须是下决定的人能够选择的项目，如果是不能选择的项目，并不属于下决定的人的机会。对于上面故事中的小王来说，因为他同时收到了这两个工作的邀请，所以无论是纸箱生产厂，还是食品生产厂，都是小王可以选择的机会。

其次，只有放弃的机会中收益最高的那个对象才是机会成本，机会成本并不是放弃对象的收益总和。还是像上面小王的故事那样，如果小王同时收到了三家工厂的邀请，而第三家工厂不仅每月为员工发放食品，同时每月还会奖励员工价值不同的现金。那么这个时候，如果小王依然选择纸箱生产厂的话，最后他所损失的机会成本就是第三个工厂的收益，而不是这两个工厂收益的总和。

同时，由于资源的有限，随着一种产品产量的增加，用在其他方面生产其他商品的经济资源便开始不断减少。随着经济资源的减少，该种经济资源的价格也会开始增加。如果所放弃的其他产品的产量不变，那么决策者所放弃的最大收益便是机会成本的递增。

机会成本原理的运用，不仅对于个人决策有着重要的引导作用，对于企业决策也有着重要的作用。作为企业投资决策的一个重要环节，机会成本的运用将会降低企业的投资风险，从而帮助决策者能够更高地对企业的项目做出评估，为企业获得更多的经济利益。

激励：牛肉面老板的绩效考核难题

"唉！这生意真的是没法做了。"这已经是小孙在一天中第三次听到老板的抱怨了。小孙是一所重点大学的大二学生，业余时间较多，所以在学校外面的一家牛肉面餐馆做兼职服务生。当他听到老板第三次抱怨时，时间已经是晚上九点多了，虽然已经到了下班时间，但小孙看着愁眉苦脸的老板，却始终放心不下。接着老板的抱怨，小孙和老板聊起天来。

原来老板是在抱怨自己新雇来的大厨，老板想了许多方法来激励大厨，希望他能够好好工作。但无论老板采取什么样的措施，也没有办法让大厨认真工作，由于牛肉面要求的就是纯熟的手艺，所以老板也拿大厨没有办法。这才整天唉声叹气的。

激励是一个重要的经济学原理，通常被定义为一系列的奖励或者处罚措施。这些措施的目的主要在于诱导一部分经济主体来从事特定的行为，从而产生另一部分经济主体所需要实现的结果。

一般来说，为了能够获得好的结果，一方的经济主体往往会为另一方提供包括更好的工作环境、更高的薪资待遇、更清晰的晋升渠道等条件。而为了避免不好的结果发生，一方的经济主体往往会采取包括降低薪资待遇、减少升职机会、降职或解雇的方式。

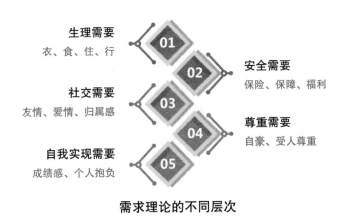

需求理论的不同层次

看到老板愁眉不展，小孙继续询问老板都采用了什么样的方法来激励大厨。老板像是吐苦水一样，滔滔不绝地向小孙讲述了起来。

最开始，老板为了能够提高大厨的积极性，决定按照销售量来进行提成，每碗牛肉面给大厨提成五毛钱。但当大厨发现自己的收入与销售数量相关时，他便开始在每碗面中都多放牛肉，这样便能够吸引更多的客人，销售数量上去了，大厨的收入也提高了。但对于老板来说，原本薄利多销的牛肉面，因为大厨多放牛肉而使得每碗面的利润大幅减少。老板不仅没赚多少钱，还需要额外付给大厨提成的钱。

为了解决这一问题，老板改变了自己的激励政策，他开始每月付给大厨较高的固定工资，从而通过固定工资将销售量和大厨的收入分割开来，这样大厨便不会在每碗牛肉面中多放牛肉了。但令老板没有想到的是，大厨的确没有往每碗面中多加牛肉，反而在每碗面中都少放牛肉。这样一来，客人因为面中牛肉越来越少而纷纷离开，老板又亏损了钱，但大厨因为拿着固定工资，人越少，工作反而越轻松了。

在经济学中，有一个重要的经济学假设：理性的利益最大化者会对激励做出相应的反应，如果一个人因为改变自己的行为，从而使自己所处的环境发生变化而获得更大的满足的话，那么他就会做出这样的改变。一般来说，合理的激励制度将会让被激励的主体更好地工作，而如果因为激励导致被激励主体在工作上出现了问题，那么很有可能是激励制度本身出现了问题。

小孙听了老板的话之后，思考了很长一段时间，他发现老板和大厨之间的问题在于双方信息的不对称，老板始终没有办法监督大厨的工作。想要解决二者之间的问题，则需要建立起一种更为有效的激励制度。

首先，使用底薪加提成的薪资方式来避免出现前面发生的问题。其次，将大厨的工资和老板的利润收入挂钩，而不是单纯地与销量进行挂钩。再次，将牛肉面关键流程的权力从大厨手中收回，比如添加牛肉这一流程。最后，在薪资方式方面，加入额外奖励和处罚措施，主要依据顾客满意度和利润来制定。其实，最为重要的是加强老板和大厨之间的沟通，再好的激励制度也要建立在互相信任和互相沟通的基础之上。

在故事中，小孙所用到的正是经济学激励理论中的委托代理模型，其逻辑分析的起点是交易双方的信息不对称问题。经济学在理论上将信息不对称问题主要分为逆向选择和道德风险两类。在激励层面上，逆向选择的问题在于选出来的并不是最优秀或最合适的人，而道德风险的问题则在于选择出来的人不努力工作。

要解决这类问题，首先需要建立一个良好的遴选机制，通过这一遴选机制让代理人之间形成竞争，从而选出合适的代理人。其次，建立一个良好的激励机制也是十分重要的，激励机制可以使代理人能够持续努力地完成委托人定下的目标。在这一激励机制中，必须同时包括两个方面的原则。

一是参与约束原则，主要是指代理人参与工作所得的净收益必须不低于不工作也能得到的收益。二是激励相容约束原则，主要是指代理人让委托人最满意的努力程度也是给他自己带来最大净收益的努力程度。

一般来说，严谨的委托代理理论建立了许多不同的模型，通过演绎和推理来阐述所有的信息不对称问题，从而构建了逻辑严密的理论体系。

听了小孙的建议，老板立刻开始做出调整，不仅与大厨商量好了薪资待遇的标准，还让老板娘参与到牛肉面加工的流程中。同时根据最终的经营收益，制定了一系列奖励和惩罚措施。

一个月之后，老板的牛肉面生意不仅好了起来，大厨与老板的关系也越来越好。因为明确的权责区分，在对大厨做出约束的同时，保障了大厨的正常收益。同时将大厨绩效收入与老板的利益收入相挂钩，也在很大程度上提高了大厨的工作积极性。

良好的激励机制对于企业的经营具有重要的作用，通过合理的激励机制来调动员工的积极性，从而提高整体的工作效率，最终创造出更多的经济利益。经济学中的激励原理是每一个企业都必须要去学习和应用的。

边际效用：越来越乏味的春晚

詹姆斯是一个比萨爱好者，而且尤其喜欢吃火腿比萨。一天他在街上闲逛，偶然看到了一个地方正在举办比萨大胃王的比赛，比赛的内容是在同样的时间内，看谁能够吃下更多的火腿比萨。

看到台上摆着的一张张比萨，詹姆斯的肚子开始咕咕地叫了起来。在进行了简单的登记之后，詹姆斯成功加入到比赛中。

坐在台上的詹姆斯恨不得立刻开始品尝美味的比萨，但由于参赛人员还没到齐，詹姆斯只得强忍着饥饿，看着眼前的比萨。一段时间之后，参加比赛的选手已经就位，在主持人的一声令下，选手们开始狼吞虎咽地吃比萨。

詹姆斯在吃下第一口比萨时，感觉就像吃到了世界上最美味的食物一样，很快便解决了两张比萨，而且在速度上，詹姆斯也领先于其他参赛选手。随着时间的流逝，詹姆斯已经吃到第四张比萨，但这时他已经感觉不到比萨的美味了，也不知道自己在吃着什么。到了该吃第五张时，詹姆斯甚至开始讨厌自己最爱的火腿比萨，只感觉味同嚼蜡。詹姆斯已经一点儿也吃不下去桌上的比萨了，他甚至确定自己再也不会吃火腿比萨了。

在日常生活中，我们会说詹姆斯是吃撑了，以至于对比萨产生了抵触情绪。但从经济学的角度来说，詹姆斯的故事却揭示了一个重要的经济学概念——边际效用。作为经济学中的常用术语，经济学家将它看作为一种理论分析的工具，可以应用于任何经济中的每个可以衡量的事物中。

正如前面故事中詹姆斯所遇到的问题，在我们的日常生活中，经常会遇到各种各样需要进行边际分析的问题。但很多时候，由于我们并不了解相应的经济学知识，所以并没有想到去用经济学的思维来解决这类问题。

在最近几年，大多数观众发现春节联欢晚会越来越缺少新意。每一年都是固定的那些节目，演小品的还是那些人，唱民歌的也还是那些人，无论从表演形式还是演员队伍上看，春节联欢晚会越来越乏味了。

为什么观众会出现这样的感觉呢？在经济学中，这种现象和前面詹姆斯所遇到的问题是一样的，都可以用边际效用进行解释。

当我们在最开始看春晚时，会感觉春晚无论在规模和演出阵容上都是高规格的，带给我们的视听享受要远远好于其他的晚会节目。这时便会出现一个名词——效用，所谓效用就是指人们消费某种物品时所得到的满足程度。我们看春晚得到了视觉和听觉上的享受，吃面包能够给我们物质满足，读一本书能够给我们精神满足，这就是效用，也是我们的主观感觉。

效用往往取决于不同的主体，所以在评价效用时并没有一个固定的标准。但对于所有的消费主体来说，随着消费同一种物品次数的增加，这种物品给消费者带来的满足程度会逐渐递减。如果用百分率来表示，当我们吃第一片面包的满足感是 100% 的话，吃第二片面包的满足感就会降低到 80%，然后吃第三片面包的满足感会降到 60%，最后如果面包的数量仍然增加的话，我们的满足感很快便会降到最低，甚至会逐渐转变为痛苦。

在经济学中，这种现象十分普遍，经济学家将其概括为边际效用递减规律。现在我们再回到看春晚的问题上来，看春晚显然要比吃面包复杂得多，但实际上其中所涉及的同样是边际效用的递减规律。对于大多数观众来说，春晚无论在表演形式和演员阵容上，每年的变化并不大，甚至连节目的表演顺序都是固定不变的。所以如果将春晚看作一个整体的话，那么每年一次的春晚和一片片面包就是同样的概念。

也正是因为这种边际效用递减规律的存在，才会使得观众对于春晚的满足度不断下降，才会出现春晚越来越乏味的感觉。实际上，随

边际效用递减规律		
商品数量	总效用	边际效用
0	0	0
1	10	10
2	18	8
3	24	6
4	28	4
5	30	2
6	30	0
7	28	−2

着经济和技术水平的发展，每一年的春晚在场景和技术呈现上都有着各种不同的尝试和突破，但这种单方面的改变并没有影响观众对于春晚的整体感受，所以观众的满足感才会不断地下降。

还有一个现象也包含着边际效用递减规律，一些企业在生产产品时，往往不会只生产一个样式的产品。以手机生产为例，现在手机新品的上市，同一型号的手机在配置上有着多种不同的选择。即使是同一配置的手机，也有着多种不同的颜色供消费者进行选择。

之所以会出现这种现象，就是因为生产企业要避免出现边际效用递减这一现象。对于消费者来说，相同颜色和配置的手机越多，边际效用递减得就越多，很少有消费者会多次购买同一颜色、同样配置的手机。

对于消费者来说，消费者对物品的需求往往取决于它消费这种物品所能得到多少边际效用。如果消费者能够从物品中获得的边际效用大，他便会进行高价购买。如果消费者能够从物品中获得的边际效用小，那就只会出低价购买。如果消费者无法从物品中获得边际效用，或者所获得的边际效用为负数，那么他便不会购买这个物品。

边际效用在经济学中是一个十分重要的概念，边际效用递减也是经济学的基本规律之一。通过边际效用，经济学家可以更好地解释价值，而这种对于价值的解释引发了经济学中的一种革命性变革。所以边际效用理论又被称为经济学中的"边际革命"，成为现代经济理论的一块重要基石。

看不见的手：无为而治的"文景之治"

"今年养猪肯定能赚钱！"老张兴奋地对邻居老王喊道。因为家里有一头老母猪要卖，老张在这几个月中，始终在观察着市场上猪肉的价格走势。他希望能够找个合适的价格将家里的老母猪卖出去。但眼见市场上猪肉价格不断上涨，老张却迟迟没有卖出自己家的老母猪。

邻居老王很奇怪为什么老张放着高价不卖，难道要等到降价了再卖吗？老张自然有自己的打算，过了一段时间之后，老张的母猪卖了出去，换回来了几头小猪崽儿。老张对着老王喊道："今年养猪肯定能赚钱！你看那猪肉价格涨得多厉害。"

听了老张的话，再看看市场上猪肉的价格，老王开始有想要养几头猪的想法。对于父亲的这个想法，小王却持有截然不同的看法，他坚决反对父亲养猪，并且提出了与老张完全不同的看法，在小王看来，今年的猪肉价格一定会下降。

时间一天一天过去，猪肉的价格仍然没有下降，老张的小猪也一天天地长大。老王看到这样的情形心中懊悔不已，心想真不该听儿子的话，失去了赚钱的好机会。又过了一段时间，老张的猪眼看就到了出栏的日子，但没有想到市场上猪肉的价格却开始下降，无奈之下老张只能在亏损之前将猪卖了出去。

对于这次养猪的经历，老张并不知道为什么会出现亏损。而隔壁老王也不知道为什么始终上涨的猪肉价格会突然下降。两个人琢磨了半天也没有什么头绪，老王决定问问儿子小王。小王运用自己学到的经济学知识，为老王和老张上了一堂基础的经济课。

在小王看来，这一次猪肉价格的下降，主要的原因在于猪肉价格上涨带来的养猪人口的增加，从而导致市场上猪肉供应量增加，最终影响到猪肉的销售价格。供应量多了，产品的价格自然会开始下降，在这个过程中，有一双"看不见的手"在推动着市场发展。

"看不见的手"是英国经济学家亚当·斯密提出的一个重要的经济学原理，是现代经济学的一个重要理论。

亚当·斯密在《国富论》中写道："每个人都试图用他的资本，来使其生产的产品得到最大的价值。一般来说，他并不企图增进公共福利，也不清楚增进的公共福利有多少，他所追求的仅仅是他个人的安乐、个人的利益。但当他这样做的时候，就会有一双看不见的手引导他去达到另一个目标，而这个目标绝不是他所追求的东西。由于追逐个人的利益，他却促进了社会利益，其效果比他真正想促进社会利益时所得到的效果还大。"

亚当·斯密认为个人在经济生活中只考虑自己的利益，从而会受到"看不见的手"的驱使，而后通过分工和市场的作用，达到国家富裕的目的。"看不见的手"的原理认为在每个参与者在追求自己私利的过程中，市场体系会给所有参与者带来利益，就像一只看不见的手一样在指导着整个经济的发展过程。

在我们的经济生活中，市场调节就是那只"看不见的手"，依靠价格等因素来不断调整人们的经济活动。老张之所以养猪是因为猪肉的价格开始上涨，了解到这一趋势的当然不止老张一个人。随着越来越多的人因为猪肉价格上涨而开始养猪，市场上猪肉的供应就必然会大幅增长。当猪肉的供给超过需求之时，猪肉的价格就会开始下降。

如果猪肉的价格持续下降的话，继续养猪就会出现亏损，这便会导致养猪的人开始大幅减少。当养猪的人减少到一定数量之后，市场上的猪肉供应量也会随之开始减少。当猪肉的供应量无法满足市场的需求量时，猪肉的价格就又会开始上涨。如此这般反反复复，最终市场上的猪肉供应量将会与市场上猪肉的需求量趋于平衡，最终猪肉的价格也会稳定在一定水平。

从这种现象的表面来看，猪肉价格的变动是由于人们行为的改变所造成的，但实际上出现这种现象的深层次原因还在于市场的调节作用。

其实关于市场调节是"看不见的手"这一经济理论不仅只在西方存在，早在春秋战国时期，老子便提出了无为而治的思想。在秦末汉初时期，无为而治更是被应用于国家治理的实践中，汉文帝和汉景帝就成功地运用了无为而治、休养生息的治国方略，开创了影响深远的"文景之治"。

在社会经济发展过程中，政府不插手过多的市场事务，让市场在自身机制下自由发展。同时通过减轻税负来为经济发展创造一个更为优质的条件。正是这种放任市场自由发展的政策，才让市场充分发挥自己的调节作用，从而创造出了经济繁荣的盛世。

经济学家认为个人的自利行为在市场机制的作用下，最终会促进社会的发展。政府对于自由经济的干预则会导致资源配置出现问题，从而影响社会财富的增长。很多经济学家认为政府不应该动用权力干预社会经济事务，只应该作为经济的"守夜人"而存在。

在市场机制的作用下，市场中的主体会通过"优胜劣汰"的竞争机制来为自己创造财富，而在这种机制的影响下，每个人都会更加努力地去进行工作，从而在客观上提高整个社会的生产效率，创造出更多的社会财富。

但实际上，这种理念和想法只在理想的经济环境中才能够实现，市场调节这只"看不见的手"并不是万能的，很多时候，市场调节也会出现失灵。一些市场中出现的非正当竞争行为，市场这只"无形的手"便没有办法去调节。市场生产所带来的环境污染问题，市场调节这只"无形的手"依然没有办法去进行调节。

这个时候，就不得不使用另一只"看得见的手"来对市场主体的行为进行调节，从而改善最终的市场结果。这只"看得见的手"就是政府干预。

政府干预：ICO 被叫停

乌托邦国原本是一个美好的国度，但在最近一段时间，乌托邦国处于一片混乱中——工厂倒闭，工人失业，经济处于完全瘫痪中。就在这时，政府决定兴建公共工程，这个工程需要雇佣200个人来挖一个很大的坑。

要雇佣200个人挖坑就需要发200把铁锹，这样在发铁锹之前，生产铁锹的企业要开始开工生产，生产钢铁的企业也同样需要开工生产。生产铁锹则需要给工人发放工资，有了工资，相应的食品消费就有了。这样通过挖坑，带动了乌托邦全国国民的经济消费。

等到大坑挖好之后，政府又雇佣了200个人来把这个大坑填好，这样与挖坑有关的行业就又有了工作。渐渐地，乌托邦国的市场开始复苏，随着经济的复苏和发展，政府获得了大量的税收收入，之后用这笔税收收入偿还了当时为了挖坑而发行的债券。这样，乌托邦国又恢复到了之前的繁荣景象。

上面提到的这个寓言故事来源于约翰·梅纳德·凯恩斯的著作《就业、利息和货币通论》。凯恩斯希望通过这个寓言来阐述他关于政府干预的经济理论。

凯恩斯是英国经济学家，因开创了经济学的"凯恩斯革命"而闻名于世，又被后人称为"宏观经济学之父"。他所创立的宏观经济学与弗洛伊德所创立的精神分析法和爱因斯坦发现的相对论一起并称为20世纪人类知识界的三大革命。

凯恩斯认为仅仅依靠市场中的自由机制无法保证经济稳定增长，而达到充分就业，只有加强国家对于经济的干预，才能更好地解决经济活动中出现的问题。在需求出现不足时，政府应当采取措施来刺激需求，在政府的调控下，需求增加可以使消费也开始增加，这样经济便能够稳定增长，就业问题也可以得到有效解决。

在1929年全球性经济危机爆发之后，以凯恩斯为代表的提倡政府干预的经济学家开始纷纷提出自己的观点，他们认为政府要成为一只"看得见的手"，而不再去扮演"守夜人"的角色。政府必须去平

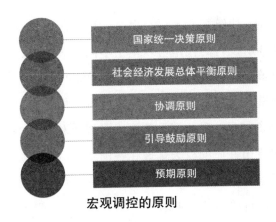

宏观调控的原则

衡和调节经济运行中出现的那些重大的结构性问题，同时弥补市场调节在经济活动中的不足。

政府干预经济主要是为了保持经济总量的平衡，从而抑制通货膨胀，保证经济的稳定增长。政府干预经济主要是通过发布一些宏观的经济政策，通过调节价格、汇率、税收等手段，来改善市场经济发展的环境。

正如前面一节所提到的，市场调节虽然能够优化市场中的资源配置，但在很多时候，市场调节存在着固有的缺陷。正是在这种时候，才需要政府出手去干预经济活动，从而弥补市场调节所存在的缺陷，保证经济发展的稳定。

2017年9月4日下午3时，中国人民银行联合中央网信办、工业和信息化部、工商总局、银监会、证监会、保监会针对近期国内大量涌现的代币发行（ICO）涉嫌从事非法金融活动，发布《关于防范代币发行融资风险的公告》。ICO融资被正式定性为一种未经批准非法公开融资的行为，新币的发行被叫停，已经完成募资的项目也需要开始排查是否存在违规行为。

ICO 是一种区块链行业术语，也是一种为区块链项目筹措资金的常用方式。ICO 所发行的代币可以基于不同的区块链，由区块链提供记账服务和价值共识，从而实现全球发行和流通。

虽然区块链技术是一项重要的技术，可以用于整个互联网金融系统，但 ICO 融资却是一种逃避监管要求和银行利息负担的融资行为。因为定义法定货币性质的权力掌握在各国政府的手中，所以，一旦政府认为某种数字货币被广泛用于逃税或者影响到金融体系的健康发展时，就会对其进行严厉的打击。

ICO 被叫停正是政府部门干预经济活动的一种表现，是一种政府的宏观调控政策。其目的在于维护中国金融市场的稳定，打击市场经济活动中存在的非法行为。

政府的宏观调控是一个国家政府的重要经济职能。为了规范市场运行，促进市场发育，政府需要通过宏观调控来对经济进行管理。但是，这并不意味着政府可以随意干预正常的市场经济运行，同时也并不意味着政府可以完全以行政手段来改变经济运行的发展规律。

在市场经济中，市场在资源配置上起着决定性作用。政府的宏观调控过程要依据市场经济的发展规律来进行，忽视经济规律的宏观调控，不利于经济的正常发展。

在市场经济中，市场调节和国家干预往往是同时存在的。一个良好的经济发展环境，既需要市场调节这只"看不见的手"，又需要国家干预这只"看得见的手"。当经济平稳正常发展时，市场调节通过各种手段来优化市场中的资源配置。当市场调节出现问题时，国家干预能够及时弥补"市场失灵"对经济发展带来的影响，以保证经济的健康有序发展。

第三章
听懂财经新闻中的经济语

GDP：我们到底富了没有

　　在一个凉爽的夜晚，两个好朋友相约晚餐后一起散步。走着走着，他们发现面前出现了一坨狗屎，其中一个人使坏说："你把那坨狗屎吃掉，我给你 10 000 元。"但令他没有想到的是，另一个人真的将那坨狗屎吃掉了，第一个人损失了 10 000 元。

　　两个人又继续向前走，没走多远便发现前面竟然又出现了一坨狗屎，这时另一个人对第一个人说："你去把那坨狗屎吃掉，我也给你 10 000 元。"想想自己的 10 000 元，第一个人也将眼前的那坨狗屎吃掉了，这样他也得到了 10 000 元。

　　两个人继续走着，越想越觉得不对劲，平白无故地一人吃了一坨狗屎，却什么也没有得到。

　　上面所讲到的这个故事是经济学中的一个很重要的故事，从故事的结局来看，虽然两个人到最后什么也没有得到，但从经济学的角度来说，两个人在整个过程中却创造了 20000 元的 GDP。

在这里，我们不去深入探讨两个人为了一点钱而去吃狗屎这件事，我们需要关注的是这个故事中所蕴含的一个重要的经济概念——GDP。

GDP 是国内生产总值的简称，是指一个国家或者地区所有常驻单位在一定时期内生产的所有最终产品和劳务的市场价值。作为国民经济核算的核心指标，GDP 是衡量一个国家的总体经济状况的重要指标。

在经济学中，GDP 有三种不同的表现形态，分别是价值形态、收入形态和产品形态。在价值形态上，GDP 是所有常驻单位在一定时期内生产的全部货物和服务价值超过同期投入的全部非固定资产货物和服务价值的差额，也就是所有常驻单位的增加值之和。在收入形态上，GDP 是所有常驻单位在一定时期内创造并分配给常驻单位和非常驻单位的初次收入之和。在产品形态上，GDP 则是所有常驻单位在一定时期内所出产的最终使用的货物和服务价值减去货物和服务进口价值。

GDP 的三种不同表现形态从不同方面反映了 GDP 及其构成，从理论上来说，最终所得到的结果都是相同的。

一般来说，GDP 越高，国家财富便越多，国家也就越富强，人民也就越富裕。但实际上，GDP 与人民生活富裕的关系其实并不大。

GDP 的表现形态和计算方法

01 表现形态 → 价值形态、收入形态、产品形态

02 计算方法 → 生产法、收入法、支出法

虽然我国的 GDP 已经跃居世界第二，但由于人口众多，中国的人均 GDP 水平却依然较低，同时由于收入分配等问题的存在，导致我国 GDP 在逐年上升，但人民生活水平却没有得到显著的提高。

可能很多人要问：为什么中国的 GDP 不断增加，但人民的生活水平却并没有同比例上涨呢？在这里我们还需要回到 GDP 的概念本身。虽然 GDP 是衡量国民经济发展情况最重要的一个指标，但它不是万能的。GDP 并不能直接反映出社会成本，也不能衡量社会分配是否公正，同时也不能反映出经济增长的效率和质量。

由于 GDP 计算的是物品与劳务的市场价值，不进入市场交易的物品和劳务便没有办法计算进去。所以，一般来说，GDP 的计算中存在着很多遗漏。在经济发展过程中，随着 GDP 的增长，会出现收入分配差距扩大的现象，这样一来，GDP 的增加反而容易引起人民生活水平的下降，从而出现许多不正常的现象。

在 GDP 的计算中，无效 GDP 的存在是一个需要注意的问题。无效的 GDP 所指的就是前面故事中两个人所创造的 GDP，虽然到最后两个人什么也没有得到，但在交换的过程中，两个人却为国家创造了 20000 元的 GDP 收入。可是由于整体的国民财富并没有增加，到最后，两个人手中的财富依然没有改变，二者所创造的 GDP 是一种无效的 GDP。

在我们的现实生活中，这种无效的 GDP 十分普遍。在过去的几十年时间里，中国是世界上经济增长最快的国家，但很多时候，这种经济的增长往往是以资源的浪费和环境的污染为代价的。一直以来，许多地方政府始终将 GDP 放在首位，盲目地追求经济数据的增长，而忽视了环境的保护。

直至今日，一些在"重发展，轻环保"思想指导下兴建的项目，虽然创造了不少的 GDP，但其所留下来的环境问题却是更为严重的。要解决出现的环境问题，就需要投入更多的资金去治理，以环境为代价所获得的 GDP 到最后还会被这种环境治理的支出所抵消。这样一来，便会产生大量无效的 GDP。

最近几年，雾霾问题成为人们关注最多的环境污染问题。雾霾的形成大多来自于工业污染和汽车尾气的排放，污染性企业越多，汽车销量越大，雾霾等环境问题就可能越严重。而在另一方面，为了能够减少雾霾对于自身身体健康的影响，许多人都将防雾霾口罩作为自己出行的一个必备品。这便带动了口罩产业的发展，而口罩产业的发展也为 GDP 贡献了很大一部分力量。

但是这种 GDP 对于一个国家来说是有害而无利的，并不能作为我国经济增长的正确方式。为了改变这种不正常的 GDP 增长方式，我国现阶段正在推行绿色 GDP 的计算方法。绿色 GDP 是指一个国家或地区在考虑自然资源与环境因素影响后经济活动的最终成果，也就是将经济活动中所付出的资源耗减成本和环境降级成本从 GDP 中扣除。

相比于普通的 GDP 计算，绿色 GDP 能够更好地反映出一个国家的经济发展现状。绿色 GDP 是一条可持续发展的经济增长之路，对于环境保护具有重要的意义。

CPI：收入怎么追上飞涨的物价

甲、乙、丙三人生活在同一个城市。甲有五套房，每天不用上班，依靠收房租生活。乙有一套房，每天上班辛勤工作。丙没有住房，在外租房子住，依靠卖猪肉维持生计。

忽然有一天，政府出台政策要求征收房产税，靠租房子住的丙很高兴，只有一套房的乙也没有说什么。但拥有五套房子的甲却不愿意了，为了弥补缴纳的房产税，甲将房租的价格相应提高了一些。

房屋租住价格上涨之后，丙想要换一套便宜的房子，但没有想到所有地方的房租都涨价了。无奈之下，丙为了不吃亏，便决定把自己卖的猪肉的价格也涨上来。甲、乙二人发现市场上所有的猪肉价格都上涨了，只能减少自己购买猪肉的开支。

从上面的故事中，我们可以看到，物品价格的变化让甲、乙、丙三个人的生活水平都出现了不同程度的改变。接触过经济学知识的人会发现，上面的故事其实叙述了一个经济学中的重要概念——CPI。

CPI 是居民消费价格指数的简称。居民消费价格指数是一个反映居民家庭一般所购买的消费品价格水平变动情况的宏观经济指标，是在特定时段内度量一组代表性消费商品和服务项目的价格水平随时间而变动的相对数，同时也用来反映居民家庭购买消费商品和服务的价格水平的变动情况。

简单来说，CPI 所代表的就是一定时间段的消费品价格水平，包括我们日常生活中的吃穿住用的价格变动。CPI 最直接的表现就是物品的价格上涨，消费者购买市场中的物品需要付出更高的价格，但在这个过程中，消费者自身的收入水平却并没有得到同样幅度的提高。这便使人们的生活压力开始变得越来越大。

前面的故事所表现的正是物品价格上涨对不同的消费者所带来的不同的影响。在故事中，房屋价格上涨、猪肉价格上涨，CPI 指数也会随之上涨。当 CPI 上涨后，通货膨胀的预期也开始不断加强。

CPI 是度量通货膨胀或通货紧缩的一个经济指标，能够为国家的经济政策提供重要依据。在经济学中，CPI 上涨一般会表现为消费品物价上涨、通货膨胀、货币贬值，从而导致百姓的收入出现缩水，购买力开始下降，社会整体的福利水平也会下降。如果消费者物价指数升幅过大，就表明通货膨胀已经成为经济发展中的一个不稳定因素，这是政府通常会采取紧缩的货币政策和财政政策，这对于一个国家经济的发展并不是很好的信号。

除了度量通货膨胀之外，CPI 还可以用于国民经济的核算，是国民经济核算中的一个重要价格指数。同时 CPI 还能够反映货币购买力的变动，以及契约指数化的调整。CPI 的提高也意味着员工实际工资的减少。对于股票市场来说，当 CPI 上涨时，股票价格也会相应上涨；当 CPI 下跌时，股票价格也会同样下跌。

2017 年 3 月，国家统计局公布了全国居民 2 月的消费价格指数。在公布的信息中，2 月全国居民消费价格总水平同比上涨 0.8%。1 — 2 月平均全国居民消费价格总水平比去年同期上涨了 1.7%。

2017 年 4 月 12 日，国家统计局发布了 3 月全国居民消费价格指数，其中 CPI 环比下降 0.3%，同比上涨 0.9%。而在 2017 年 4 月，全国居

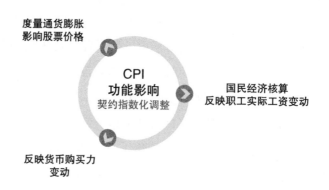

民消费价格总水平同比上涨了 1.2%，2017 年 1 — 4 月平均全国居民消费价格总水平比去年同期上涨了 1.4%。

从 2017 年国家统计局所发布的全国居民消费价格指数来看，在前四个月中，CPI 都呈现上涨的趋势，这也反映出我国 2017 年物价水平的上涨趋势。可以说居民消费价格指数的变动与每个人的生活都有着密切的关系，物价水平的上涨也时刻影响着人们的生活水平。但由于近几年来物价水平过快的上涨速度，使得人们的收入水平远远落后于物价水平，这也使得人们的生活水平出现了一定的下降。

从个人的角度来说，需要怎样做才能让自己的收入追赶上物价上涨的步伐呢？首先，改变自身的收入结构是一个至关重要的方面，一般来说，在个人的收入构成中，工作收入在全部个人收入中占据绝大部分的比例。相对来说，在不工作时所获得的收入则只占据收入的较少比例。对一些人来说，除了工作收入之外，甚至没有其他额外的收入。

但工作收入对于大多数人来说是一种相对稳定的收入，这里所说的稳定是指工作收入的变动幅度在一定时期内并不会太大。除了一些特殊的工作之外，大多数人基本上都拿着固定的月工资或是年工资。也正因如此，在遭遇物价上涨时，大多数人才会感觉自身的生活水平出现了明显的下降，因为工资水平没有变，而物价水平上涨了，相同的钱所能买到的物品数量减少了。

这时，在个人收入构成中，除去工资的那部分收入，将决定它受物价上涨影响的程度。对于个人收入比例的划分，每个人应该根据自己的实际情况去合理规划。合理的个人收入的结构划分，应该是尽可能多地增加自己在不工作时所获得的收入，只有这样才能够从整体上提升个人的收入水平。但是增加自己不工作时的收入有一个重要的前提，那就是要保证自己能够持续稳定地获得工作收入，这一点是至关重要的。

增加个人在不工作时的收入的方式多种多样，因人而异。有资金储备的人可以通过银行存款来定期获取利息，拥有额外住房的人可以通过出租房屋来获取收入，具备一些特长的人可以通过自己的特长来创造收益。总之在物价上涨时，想要保证自己的生活质量，就一定要学会额外增加自己收入的方法。

CPI 作为一项重要的经济指标，对于人们了解当前社会的消费品价格水平具有重要的帮助。同时，CPI 指标与 GDP 一样，在统计和计算方面都或多或少地存在一定的局限，所以在研究这些经济指标时，应该结合当前的具体经济情况，进行系统分析。

基尼系数：让政府揪心的贫富差距

小王和小李毕业于同一所大学。小王毕业后进入一家金融公司工作。第一年，小王的年薪 30 000 元，转正之后还能够享受各种福利和年终奖金，并且每一年的基础工资还会不断增长。而小李在毕业之后，选择回到故乡工作，进入了一家金融公司。第一年，小李的每月工资只有 2200 元，而且公司没有年终奖金，所以小李每年的收入并不高，而且上涨的空间也很有限。

随着工作年限的增加，小王的年薪收入已经上涨到 50 000 元，而且还不包括各类福利和年终奖金。但小李每年的工作收入却依然没有太大的变化，虽然每月工资上涨到了 3000 元，但小李依然无法享受到和小王一样的工作福利以及年终奖金。随着时间一年又一年地过去，原本在同一起跑线上的小王和小李，在工作收入上的差距越来越大。

上面发生在小王和小李身上的故事在我们的生活中十分常见，很多人会因此而抱怨"为什么他们的工资那么高？""为什么他们的工资每年都会上涨很多？""这太不公平了吧。"

故事中小王和小李在工资收入上存在着较大的差距，而随着社会的发展和时间的推移，这种收入差距将会越来越大。小王和小李身上所反映出来的收入差距越来越大的现象在当今世界各个国家都普遍存在。想要了解为什么国民收入差距会越来越大，我们首先需要认识一个经济学概念——基尼系数。

基尼系数由意大利统计学家基尼提出，故称。它是基尼根据洛伦茨曲线所定义的判断收入分配公平程度的一个指标，比例在0—1，同时也是国际上用来综合考察居民内部收入分配差异状况的一个重要指标。

从基尼系数的定义中，我们可以发现，基尼系数的确定与洛伦茨曲线有着重要的关系，所以在认识基尼系数之前，我们有必要首先了解一下洛伦茨曲线方面的相关内容。

洛伦茨曲线是由奥地利统计学家洛伦茨提出的，主要为了研究国民收入在国民之间的分配问题。洛伦茨曲线主要用来比较和分析一个国家在不同时代或者不同国家在同一个时代的财富不平等状况。这一曲线也作为一个总结收入和财富分配信息的便利的图形方法而得到比较广泛的应用。从洛伦茨曲线中可以比较直观地看到一个国家收入分配平等或者不平等的状况。

要想得到洛伦茨曲线，首先需要画一个矩形，然后将之分为5等份，每一等份代表20的社会总财富。这个矩形的高主要用来衡量社会财富的百分比。在矩形的长上面，将100的家庭从最贫者到最富者从左向右排列，同样分为5等份，每一等份代表收入最低的20的家庭，然后将每一等份的家庭所拥有财富的百分比累计起来，同时在图中画出相应的点，这样便能够得到一条洛伦茨曲线。

洛伦茨曲线就是在一个正方形中，以正方形的左边作纵轴（OI），以正方形的底边作横轴（OP）。纵轴和横轴分别代表累计的收入百分比和累计的人口百分比。在正方形（OYIP）的坐标原点（O）到正方形相应的另一个顶点（Y）的对角线是均等线，其所代表的是收入分配的绝对平等线（A），线上任何点所代表的人口百分比和这部分人的收入在全社会的总收入中所占的百分比总是相等的。根据社会收入分配数据描绘出来的 OY 线为洛伦茨曲线（B），它对社会收入的绝对平均线（A）偏离的程度越大，表示社会分配不平均的程度就越大。

从上面的介绍中，我们可以看出，洛伦茨曲线的弯曲程度代表着收入分配的公平程度，洛伦茨曲线的弯曲程度越大，收入分配就越不平等。相反，洛伦茨曲线的弯曲程度越小，收入分配就越平等。而当收入分配完全不平等，所有的社会收入全部集中到了一个人手中时，洛伦茨曲线则会变成一条折线。同样，当社会收入分配完全平等时，洛伦茨曲线则会成为前面所提到的一条通过原点的均等线。

了解了洛伦茨曲线的大部分内容之后，我们便可以更容易地认识基尼系数。在实际的国家收入分配中，既不会出现完全平等的状态，也不会出现完全不平等的状态，所以相应的洛伦茨曲线既不会是一条折线，也不会是经过原点的均等线。

正因如此，经济学家将洛伦茨曲线和过原点的均等线之间的部分叫作不平等面积。当收入分配达到完全不平等时，洛伦茨曲线变成一条折线，经济学家将这条折线与过原点的均等线之间的面积叫作完全不平等面积。基尼系数就是不平等面积与完全不平等面积之间的比值。

从上面内容可以知道，基尼系数的最小值是 0，这时表示收入分配绝对平均。基尼系数的最大值为 1，表示收入分配绝对不平均。实际上的基尼系数介于 0—1，一般来说，国际上通常将 0.4 作为收入分配差距的警戒线。联合国相关组织规定，如果基尼系数低于 0.2 则表示收入高度平均，0.2—0.3 表示比较平均，0.3—0.4 表示相对合理，0.4—0.5 表示收入差距较大，超过 0.5 则表示收入差距悬殊。一般发达国家的基尼系数为 0.24—0.36，美国的基尼系数达到了 0.4，而中国的基尼系数则早已超过了 0.4。

相比于发达国家，发展中国家的基尼系数是普遍较高的。中国的基尼系数早在 1994 年就已经超过了 0.4 这一警戒线。到了 21 世纪初，中国的基尼系数则达到了 0.459，同时每年还在以 0.1% 的速度增长。而 2012 年到 2015 年，中国居民收入的基尼系数开始呈现下降的趋势，虽然 2016 年的基尼系数 0.465 比 2015 年的高出了 0.003，但并没有改变中国基尼系数总体下降的趋势。从这里也可以看出中国城乡居民收入的相对差距也在开始慢慢缩小。

自改革开放以来，中国经济经历了一段高速发展的时期，但同时也造成了中国社会财富的两极分化：有钱的人越来越有钱，没钱的人越来越没钱。表现在数据上，也就是基尼系数的不断升高。随着国家相关政策的出台，这种贫富两极分化的现状已经得到一定的改善，但中国的贫富差距依然是一个较为严重的问题。

一般来说，影响基尼系数的因素有很多，除了经济发展水平、社会文化传统之外，还有一个重要因素是政策的制定者希望通过收入分配制度来达到什么样的目标。在当今世界，日本是全球基尼系数最低的国家之一。日本的基尼系数一般维持在 0.25 左右，远低于同等发达国家，之所以会出现这种情况，主要是因为日本政府通过收入分配政策所做出的调节。

日本政府通过实行高额累进税制来减少日本社会的贫富收入差距。在日本，高收入群体最高所得税税率可达到 75%，而低收入群体的所得税税率则只有 15%。同时日本在收入制度的制定上更加注重薪酬的保障作用，所以薪酬收入的差距一般相对较小。美国在收入制度的制定上则更加注重激励作用，所以美国人的薪酬收入高低往往有数十倍的差距，同时也造就了美国经济与社会的强劲发展动力。

在许多西方发达国家，不仅在存款方面对于富人有着严格的限制，在税收和遗产税方面，富人所要缴纳的也要比穷人多得多。相对于自己所积累的财富，富人们所使用的财富往往是微乎其微的。所以在许多西方国家，一些富人不仅仅是商人，同时还是慈善家，他们不仅大肆投资、大肆消费，同时也大力发展慈善事业。

基尼系数作为社会财富分配的一个重要衡量标准，对国家制定相应的收入分配政策有着重要的指导作用。但对于基尼系数数值的高低应该具体问题具体分析，应从各个国家不同的国情出发，进行研究。

恩格尔系数：测测你是哪个阶层

2017 年 2 月 28 日，国家统计局公布了《2016 年国民经济和社会发展统计公报》。经核算，中国 2016 年国内生产总值 744 127 亿元，比上年增长 6.7%。全年人均国内生产总值 53 980 元，比上年增长 6.1%。

2016 年全国居民人均可支配收入 23 821 元，比上年实际增长 6.3%，高于人均 GDP 增速 0.2%。农村居民人均可支配收入名义增速和实际增速分别高于城镇居民 0.4% 和 0.6%。

在物价方面，2016 年全年居民消费价格比上年上涨 2.0%，涨幅比上年提高 0.6%，总体呈现温和上涨的态势。

2016 年全国居民恩格尔系数为 30.1%，比上年下降 0.5%，接近联合国划分的 20% 到 30% 的富足标准。

对于上面的一组数据，没有接触过经济学知识的人可能并不好理解，在国家统计局所公布的这份公报中，我们可以看到恩格尔系数这个概念。作为经济学中的一个重要概念，恩格尔系数与基尼系数一样，对于社会经济的发展有着重要的指示作用。

恩格尔系数指的是食品支出总额占个人消费支出总额的比重，由 19 世纪德国统计学家恩斯特·恩格尔提出。恩格尔根据统计资料从消费结构的变化中发现了一个规律：当一个家庭的收入开始增加时，这个家庭收入中用来购买食品的支出比例便会下降；而一个家庭的收入越少，这个家庭在总支出中，用来购买食品的支出所占的比例也就越大。

从单个家庭角度出发，这种规律可以推及整个国家。也就是说，一个国家越穷，这个国家中的每个国民的平均支出中用来购买食品的费用所占的比例也就越大。恩格尔所发现的这一规律被命名为恩格尔定律，而恩格尔系数正是从这一定律中得出的一个比例数。

上面所提到的恩格尔定律主要描述的是食品支出占总消费支出的比例随着收入变化而发生变化的一种规律。其所表现的是居民收入和食品支出之间的关系，从而用食品支出占消费总支出的比例来表明经济发展、收入增加对于人们生活和消费所产生的影响。具体到数值上，就是通过恩格尔系数来判断一个家庭或一个国家是否富裕。

一般而言，恩格尔系数越高，表明这个家庭的收入越低，从国家的角度则表明这个国家越穷。而恩格尔系数越低，则表明这个家庭收入越高，从国家的角度来说则表明这个国家比较富裕。

根据恩格尔系数的大小，联合国对世界各国的生活水平制定了一个划分标准。当一个国家平均家庭恩格尔系数大于 60% 时为贫穷，50%—60% 为温饱，40%—50% 为小康，30%—40% 为相对富裕，20%—30% 是富足，20% 以下是极为富裕。

根据上面的标准来划分的话，2016 年中国的恩格尔系数已经基本接近富足标准。从整个世界角度来看，在 20 世纪 90 年代，美国的恩格尔系数便已经达到 16%，其他发达国家如日本、加拿大和欧洲等国也都为 20%—30%。大部分发展中国家的恩格尔系数的分布也都为 40%—50%，处于小康状态中。

饮食是人类生存的最为基础的需要，无论是"民以食为天"，还是"饮食男女，人之大欲存焉"，都表现出了中国古人对于饮食的重视。"吃"在中国历史上占据着重要的地位，即使是朝代的更迭也没有改变吃在百姓心中的地位，因为对于当时的大多数人来说，无论政权如何变更，自己要解决的首先是吃饭的问题。只有吃饭问题解决了，人们才有精力去思考其他事情。更何况在很多时候，大多数人一生所思考的就是吃饱饭活下去这一个重要问题。

对于一个家庭来说，当其收入越来越高时，可能其所用于饮食方面的支出也会增长，但相比于在其他方面的支出，饮食方面的增长却是有限的。这其中便会涉及哲学中的物质满足和精神满足的内容。

当一个家庭有足够的收入满足每个人的物质享受之后，他们便会开始追求精神方面的享受。相比于物质享受，精神享受更加难以满足，其所需要付出的成本也是比较高的。作为更高层次的需求，一个家庭用在这方面的支出必然会超过基础的物质需求。恩格尔系数所涉及的仅仅是物质需求中的吃的方面，并不包括服装等其他物质需求。

上面所提到的这几点，便是恩格尔定律中的几个推论。首先，随着家庭收入的增加，用于购买食品的支出占家庭收入的比重将会下降。其次，随着家庭收入的增加，用于住宅建筑和家务经营的支出占家庭收入的比重会保持大体不变。再次，随着家庭收入的增加，用于其他方面的支出和储蓄占家庭收入的比重将会上升。

随着收入的增加，当一个家庭食品需求得到满足之后，其消费的重心便会开始转向住房、生活用品和娱乐享受方面。恩格尔系数是家庭食品支出金额与总支出金额的比值，所以一个家庭的生活越贫困，其消费收入就会更多地用在食品支出方面，恩格尔系数便会越大。一个家庭生活越富裕，其所用在其他方面的支出便会越多，恩格尔系数便会越小。

所以，从恩格尔系数的高低可以判断一个家庭和一个国家的富裕程度。当恩格尔系数开始逐渐降低时，便说明这个家庭或整个国家的经济水平正在向上发展，人民的生活水平在不断提高，家庭可支配的收入也开始增多，更多的家庭可以追求更高层次的生活。

但在计算恩格尔系数时，不同的国家还需要考虑不同的因素。在中国，由于消费品价格比价不同、居民生活习惯的差异以及社会经济制度不同所产生的其他因素，在运用恩格尔系数来判断富裕程度时，需要在比较时进行细致的分析。同时恩格尔系数所反映的是一种长期的趋势，而不是一种绝对的倾向，所以在比较时需要更加客观地进行分析。

当使用恩格尔系数来比较两个地区的富裕程度时，同样需要考虑一些其他的因素。以我国的部分地区为例，我们知道珠江三角洲地区的经济发展水平要高于我国北方的大部分地区，富裕程度自然也要高于北方地区。但从恩格尔系数来看，珠江三角洲地区的恩格尔系数却要比北方大部分地区都高出几个百分点。这时如果单纯依靠恩格尔系数去判断两个地区的富裕程度，可能就会出现很大的错误了。实际上，之所以会出现这种现象，与我们前面所提到的当地居民的生活习惯有着很大的关系，这也正是我们所说的众多影响恩格尔系数的因素之一。

珠江三角洲地区可以说是中国餐饮文化的一个重要集中地，这里的食物在种类上花样繁多，食品支出同时占据了消费支出的较大部分。而大部分北方地区由于气候的原因，在饮食上虽然也有自己的文化特征，但同时他们对于服装等其他方面的支出要多一些。所以表现在恩格尔系数上，才会出现北方地区要比珠江三角洲地区低的现象。

与基尼系数一样，恩格尔系数的确定也需要具体问题具体分析，通过剔除各种不可比的因素，最终得到相对准确的恩格尔系数。对于整个国家来说，通过相应的政策手段来降低恩格尔系数，也是一项重要的工作。

通货膨胀：从能买一头猪到只能买一个煤球

14 世纪中叶，欧洲的物价在 3 年的时间里翻了一番。这一时期，欧洲正在流行黑死病，这种能够致人死亡的疾病夺去了超过 2000 万人的生命，这个数字占当时欧洲人口的 30%。在疾病流行期间，由于人口锐减带来的需求量下降，欧洲的商品价格出现了短暂的下降。而随着疫情的散去，欧洲商品的物价又开始逐渐回升，市场上原有的商品存量减少，人口的减少导致商品产量减少，所以商品的价格开始快速上涨。

德国在第一次世界大战败北之后，不仅丧失了 1/7 的领土，同时也失去了 1/10 的人口，这便导致了德国工业产品的减少。由于需要按 1921 年金马克赔偿 1320 亿赔款，德国不得不大量发行纸币，这又导致了德国经济进一步陷入困难之中。当时的德国政府以极低的利率向工商业者贷款，同时又开始投放大量的纸币，从而导致纸币贬值，债务人能够用廉价的马克偿还贷款。如果一个人在 1922 年初持有 2 亿马克债券，那么两年之后，这些债券的票面价值已经不足以购买一块糖了。

在世界经济发展史上，通货膨胀出现过许多次。在凯恩斯主义经济学中，通货膨胀产生的根本原因是经济体中的总供给和总需求发生了变化，从而导致的物价水平出现变化。而在货币主义经济学中，通货膨胀产生的原因则是市场上的货币发行量超过了流通中所需要的金属货币量，从而导致纸币贬值，人们的购买力开始下降。

正如上面故事中所描述的德国一样，通货膨胀一般是指纸币发行量超过了商品流通中的实际需要的货币量，从而引起的一种纸币贬值的经济现象。如果假设商品流通中所需要的金银货币量不变，但纸币的发行量却超过了金银货币的一倍，那么每单位纸币就只能代表单位金银货币价值量的一半，这时市场上的物价便上涨了一倍。可以说，流通中的纸币数量超过市场所需要的金银货币量越多，通货膨胀就越严重。

在经济学上，对于通货膨胀的解释有很多，比较被经济学家认可的概念是：在信用货币制度下，流通中的货币数量超过经济实际需要而引起的货币贬值和物价水平全面而持续的上涨。通常我们所说的物价上涨，在很多时候并不是通货膨胀。通货膨胀中的物价上涨并不是指一种或几种商品的物价上升，也不是指物价水平的一时上升，而是指物价水平在较长一段时间内持续普遍上升的过程。这一点是判断通货膨胀的一个重要标准，通货膨胀所带来的是物价总水平的上升。

一般情况下，一国的纸币发行量和流通中实际需要的货币量是相差不大的，而致使国家增加纸币发行量的原因主要有两个方面。

一个原因是外贸顺差。当一个国家的出口处于顺差时，外贸企业往往会将获得的大量外币拿到央行来换取本国货币，出口企业获得的外汇越多，央行所需要印制的本国货币就越多。但在这个过程中，本国国内商品的流通量是没有变化的，但央行印制的货币经过出口企业进入国内市场后，便会增加市场上的货币数量，从而将有可能引起通货膨胀。

另一个原因是投资过热。从本质上来看，通货膨胀的实质是社会总需求大于社会总供给。许多国家政府为了经济的发展，往往会加大在各种基础设施建设上的投入力度，力图通过投资来拉动经济增长。而在这个过程中，加印纸币便成为一种重要的手段，这就进一步增加了通货膨胀出现的风险。

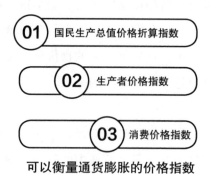

01 国民生产总值价格折算指数

02 生产者价格指数

03 消费价格指数

可以衡量通货膨胀的价格指数

通货膨胀会对一个国家的社会经济造成极大的影响，在上面故事中，德国由于通货膨胀，导致当时的德国人民没有工作、没有粮食，生活陷入了极端的困境中。这也引发了德国人民对于本国政府和外国帝国主义的不满，德国社会开始斗争不断，而由希特勒所率领的纳粹党正是在这一时期，利用当时的经济混乱，控制了德国的政权，从而引发了更为严重的世界战争。

通货膨胀在分类上可以从其产生的原因和轻重程度来划分。根据引发通货膨胀的原因来划分，通货膨胀可以分为需求拉动型通货膨胀、成本推动型通货膨胀、输入型通货膨胀和结构型通货膨胀。而根据通货膨胀的轻重程度来划分，则可以分为温和通货膨胀、急剧通货膨胀和恶性通货膨胀。

实际上，在我们的现实生活中，即使并不是通货膨胀时期，通货膨胀这种经济现象也是存在的。只不过这种通货膨胀的发展态势在政府的调控之中，并没有真正地发展成更严重的通货膨胀。但当政府对于通货膨胀的掌控开始放松时，这种隐蔽的通货膨胀就很有可能发展成更严重的通货膨胀，从而对经济和社会造成诸多不良的影响。

通货膨胀既然如此危险，政府为什么不将其彻底消灭，而是将其置于自己的控制之下呢？首先作为一种经济发展形势，通货膨胀并不能完全被消灭，往往在一个国家经济向上发展时随之出现，而当经济出现衰退时，通货膨胀也会逐渐消失。

之所以政府允许适度的通货膨胀的现象存在，主要是由于被控制的温和的通货膨胀并不会引起社会经济的混乱，相反，在很大程度上，它还会对社会经济的发展起到一定的刺激作用。物价水平的适度上涨，将会刺激市场中的经济主体发挥自身的能动性来创造更多的经济财富，从而促进整个社会经济水平的提高。

虽然适度的通货膨胀对于整个国家的经济发展有着一定的刺激作用，但对于广大的普通人群来说，通货膨胀最为直观的表现就是物价的上涨。工资收入水平没有提高，但日常生活成本却上升了，没有哪个人会认为通货膨胀是一件好事。但经济发展的运行轨迹又不能够以每一个个人或群体的意志为转移。对于大多数人来说，学会应对通货膨胀时期的财富贬值是十分重要的。

通货膨胀的发生往往是不知不觉的，如果当整个社会的百姓都感觉到物价上升时，这便说明通货膨胀已经成为既定的事实。对于个人来说，现在我们手中的钱还能够购买一头猪，当我们发现猪肉价格开始上涨之后，如果始终将钱攥在手中，那么最终很可能，我们手中同样多的钱，却只能购买一个煤球。这并不是一个虚构的故事，这是发生在几十年前的事实。所以对于个人而言，合理利用手中的钱，让自己手中的财富随着通货膨胀一同升值，才能保证我们的生活水平不被通货膨胀所左右。

第二篇

生活中无处不在的

经济学

第一章
收入经济学——月入多少才是人生赢家

稀缺性：获得高薪的奥秘

很久以前，有一个商人和一个买烧饼的小贩同时被困在山上，山下是汹涌的洪水。没有人知道洪水什么时候才会退去。时间一天天地过去，商人已经将自己身上所带的食物全部吃光，而小贩的手中还有一大袋烧饼。

没有食物的商人早已饥肠辘辘，他向小贩提出了一个建议，用10元来购买小贩的一个烧饼。商人自认为这样的价格小贩一定会欣然接受，但没有想到，小贩竟不同意商人的条件。小贩提出要商人买下自己的全部烧饼才行，面对小贩的提议，商人欣然同意。

时间一天天地过去，但洪水依然没有退。商人每天吃着从小贩手中购买的烧饼，依然精神饱满，但相反，没有了烧饼的小贩却觉得饥肠辘辘。最后看到小贩饿得实在不行了，商人提出每个烧饼以50元的价格卖给小贩。因为实在太过饥饿，小贩只得无奈地答应了商人的条件。

几天之后，洪水渐渐退出，所有的烧饼都被两人吃光了。但不同的是，商人不仅从小贩的手中获得了烧饼，同时还从小贩手中赚到了不少钱。

在上面的故事中，为什么商人花费10元从小贩手中购买的烧饼最后能够以50元的价格又卖给小贩呢？大多数人会认为是因为当时小贩饿得没有办法，所以只能花费高价来购买烧饼。如果从烧饼本身的角度来看，首先商人花费10元购买烧饼，这个价格便已经超过了烧饼的原有价值，而之所以商人能够以50元的价格卖出烧饼，最主要的原因在于烧饼的价值提高了。

从上面的故事中可以知道，因为缺少其他的维持生命的食物，所以烧饼就成为两个人仅有的维持生命的食物，烧饼的价值才会一次又一次地升高。在经济学中就有一个专门的概念来描述这种现象，这个概念便是稀缺性。

"物以稀为贵"正是经济学上对于稀缺性的一个最好概述。资源是有限的，但相对于有限的资源，人类的欲望却是无限的，所以有限的资源就是稀缺的。稀缺性是指在某一个特定的时空中，特定资源的总体有限性相对于人类欲望的无限性以及欲望的无限增长而言。在特定的时空里，有限的资源远远不能满足人类对资源的无限的欲望，以及对有限资源的总体需求，这样便出现了资源的稀缺。

资源的稀缺性是经济学的一个基本命题，经济学的主要任务就是研究如何有效地配置有限的资源。从理论上来划分，稀缺性可以分为相对的稀缺和绝对的稀缺。相对的稀缺是指资源的绝对数量并不少，可以满足人类相当长时期的需要，但由于获取资源需要投入生产成本，而且在投入一定数量生产成本的条件下可以获取的资源数量是有限的、供不应求的，这种情况下的稀缺性又被称为经济稀缺性。而绝对的稀缺是指资源的绝对数量短缺，难以满足人类相当长时期的需要，这种情况下的稀缺性则被称为物质稀缺性。

不仅是上面故事中提到的烧饼，我们生活中的许多资源都体现出了稀缺性。一个好的手机号码也能够卖出很好的价钱，我们在使用QQ号时，位数越短的号码价值越高。前段时间，我国房地产市场价格上涨，学校周边的住房价格上涨得尤为明显，大部分家长为了自己的孩子能够就读一所好的学校，开始抢购学校周边的住房，这便造成了学区房出现紧缺问题，从而抬高了学区房的价格。

稀缺性在个人身上也有着明确的体现，这种表现可以用个人价值来进行衡量。下面有一个小故事能够很好地说明稀缺性对于个人的重要性。

一支业余足球队在一场赛事中获得了冠军，同时也得到了一大笔丰厚的奖金。但面对着奖金分配问题，球队内部却发生了很大的争执。首先主力队员认为自己应该得到大部分奖金，因为这场球主要是他们赢下的。其他队员则认为如果没有他们的配合，主力队员再厉害也没有办法获得冠军，所以他们也应该得到大部分奖金。教练则认为如果没有自己的指导，球队根本无法取胜，所以自己应该得到大部分奖金。队医这时也参与讨论中，认为没有自己的治疗，队员根本无法上场踢球，认为自己应该获得大部分奖金。到最后甚至连厨师都觉得自己应该获得一部分奖金。

在这个小故事中，每一个人都认为自己应该获得大部分奖金，而从他们提出的理由来看，我们可以得到一个统一的结论：他们认为自己对于球队都很重要，所以应该得到大部分奖金。那么从经济学的角度来看，这笔奖金应该如何分配呢？

我们从经济学上的资源配置角度来看待这个问题，球队各种不同的人力资源对于球队来说都很重要，但如果把奖金作为一种资源来分配的话，决定每个人获得多少奖金的并不是每个人的重要性，而应该是每个人的稀缺性。这就好比空气和金子一样，对于人类生存来说，空气显然要比金子重要，但从稀缺性的角度来看，金子却要比空气稀缺，所以金子要比空气更贵。

在整个球队中，如果按照稀缺性来进行排列的话，主力队员无疑应该排在第一位。虽然教练和队医也同样重要，但按照稀缺性来说，主力队员是比较难得到的。所以在奖金的分配上，主力队员应该获得更多的奖金。这与我们工作中的职位设置一样，职位越高，稀缺性越高，其价值也就越高，相应的工资也会比别人高。

社会中的每一个人在能力上都是有所不同的，有的人能力强，有的人能力弱。在那些能力强的人中，有些人具有一些别人并不具有的个人能力，而这个人的能力能够为社会创造巨大的财富，那么这个人的个人价值就要比别人高，相对于其他人，这个人的能力便具有稀缺性。如果将这种稀缺性体现在工作上的话，更多的则表现在那些能力具有稀缺性的人，所能够获得的薪酬奖励也相对高一些。

对于个人来说，只有让自己变得更"稀缺"，才能够获得更高的财富收入。很多人抱怨自己的工资没有同专业的同学高，这些喜欢抱怨的人往往只看到了自己与其他人身上的"普遍性"，单纯地认为同专业的同学在工资待遇方面就应该一样，而忽视了其他同专业同学身上的"稀缺性"，也正是这种稀缺性，才让其他同学能够拿到更高的薪酬待遇。所以我们应该提高自己的能力，让自己变得更加"稀缺"。只有成为一种"稀缺的资源"时，个人的价值才能够提高。

资源的稀缺性被认为是经济学的一个重要前提，稀缺性对于社会和人们的生活有着重要的影响作用。正是由于稀缺性的存在，社会经济才会更好地向前发展。因为稀缺性，社会中的个人会不断地竞争，在竞争的过程中，不断地经过优胜劣汰，促进社会的发展。如果人类社会的物质财富变得相当富足，资源没有了稀缺性，那么人们也会慢慢地放下竞争，同时也会放慢前进的脚步，整个社会就会失去创造力和动力。

需求：猪肉涨价中的经济学公理

在五道沟市场，老王的猪肉铺子紧邻老李的粮油铺子。一般而言，相比于粮油来说，人们对于猪肉的需求应该更多也更加频繁。但在最近半个月以来，老王的猪肉生意却陷入了困境，相反，老李的粮油生意却很兴隆。

原来，在最近半个月的时间里，猪肉的价格上涨了很多。一开始，老王还兴冲冲地每天对着老李炫耀自己的猪肉又涨价了，每天的收入也跟着翻一番。但令老王没有想到的是仅仅过了一周时间，自己的生意就陷入了"无人问津"的境地中。虽然猪肉的价格仍然在上涨，但老王每天的收入却越来越少，原来一天能够卖出两头猪，现在一天半头猪都卖不出去。

与老王的"门庭冷落"不同，老李的生意却开始火爆起来，每天老李的铺子前面都会围着很多人来买鸡蛋，这种景象之前可是从来没有发生过的。老王心里充满了疑惑，他拉住一位买鸡蛋的老太太询问原因。老太太笑着对老王说道："啥时候你家猪肉的价格降下来，我们再买着吃，现在鸡蛋便宜就先吃鸡蛋！"

老王对于老太太的说法很困惑，但没想到询问了其他人之后，得到的依然是同样的答案。眼看猪肉价格不断上涨，自己却赚不到钱，老王的心里既难过，也很无奈。

如果老王能够学习一些经济学的知识，可能遇到这样的问题时，自己就不会百思不得其解了。在经济学中，专门有一个定律来解释老王的这种困惑，那就是需求定律。需求定律的内容是当其他因素不变时，需求量随价格的变动而向反方向变动。当价格上升时，需求量下降；而当价格下降时，需求量上升。

在需求定律中，价格是一个自变量，而需求量是一个因变量，所以是价格引起需求量的变动，而不是需求量引起价格的变动。需求量这个变量并不是一个客观存在的事实，在需求定律中，需求量更多地表现为人们对于某种商品的一种购买意图。

需求定律的内容也可以理解为当其他因素不变时，价格上升会导致人们倾向于少买某些物品，而当价格下降时则会导致人们更倾向于多买这些物品。正如前面故事中所提到的一样，当猪肉的价格比较稳定时，相比于买鸡蛋的人，买猪肉的人更多一些。而当猪肉的价格开始上升之后，买猪肉的人开始减少，买鸡蛋的人则开始增多。这与需求定律所描述的内容是一致的。

需求是经济学中的一个重要概念，其所描述的是消费者购买商品的能力。在经济学上，需求和需要有着明显的区别，需要所表现的是对于物品的偏好，而并没有考虑支付能力。需求则必须要有对物品的偏好、物品的价格和相应的收入这三个因素才能形成。

需求必须是既有购买欲望，同时又有购买能力的有效需求。如果单单对某种商品只有购买的欲望却没有购买能力的话，这就不能算作需求。

上面所提到的形成需求的几个因素，我们可以通过一个例子来理解。如果一个人很有钱，同时他也非常喜欢跑车，这时他想要购买跑车就形成了一个需求。而如果一个人很有钱，但他不喜欢跑车，所以也不打算买跑车，那么他对于跑车就没有形成一个需求。如果一个人喜欢跑车，也很想买一辆跑车，但是他却没有相应的支付能力，那么他对于跑车依然构不成需求。

对于前面所提到的需求定律，可能有些人会感到疑惑：价格上升时，需求量就一定会下降吗？平时在小摊上卖 10 元一把的雨伞，在下雨天时 20 元一把同样有人去买，而此时购买雨伞的人甚至要比卖 10 元一把时还要多。这难道不是与需求定律所描述的相悖吗？

实际上，在前面的需求定律中，有一个关键的限定条件，也就是说需求定律成立的一个前提是假设其他因素都不变，价格与需求量之间存在着反向变动的关系。而在上面的例子中，出现了一个变化的因素就是下雨。晴天时卖 10 元一把的雨伞，在下雨天则卖到 20 元，雨伞的价格升高了，但需求量却并没有降低，这是因为天气这个因素发生了变化。

因为限定的因素发生了变化，所以需求定律也就发生了变化。想要应用需求定律，就一定要首先遵循需求定律的前提条件。实际上，在社会经济生活中，影响需求的因素还有很多。

首先是替代品的价格，所谓替代品是指使用价值相近，并且可以

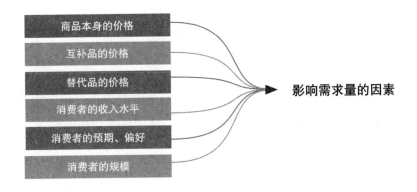

互相替代来满足人们对同一商品的需要。在上面的故事中，猪肉和鸡蛋虽然并不是替代品，但因为猪肉价格的上涨，人们仍然趋向于多购买鸡蛋。如果猪肉的价格上涨超过牛羊肉的话，那么人们对于牛羊肉的需求便会相应地升高。

其次是互补品的价格。互补品指的是在使用价值上必须互相补充才能满足人们对某种商品的需要。汽车和汽油便是互补品。当汽油的价格升高时，对于汽油的需求量便会降低，这时人们对于汽车的需求量也会随之降低，因为使用汽油的成本升高了，使用汽车的成本同样也会升高。

从消费者角度来看，消费者的收入水平、消费偏好、消费预期和消费者的规模都会影响到需求量的变化。当消费者的收入提高时，会增加对于商品的需求量。当消费者的收入降低时，则会减少对于商品的需求量。当消费者对于某种商品的偏好增强时，这种商品的需求量也会增加，反之，当对于某种商品的偏好程度减弱时，需求量就会相应地减少。

提到需求，就不得不说经济学中的另一个概念——供给。供给是指在某一特定的时期内，经营者在一定价格条件下愿意并可能出售的产品量。商品或服务的供给量与价格呈正比关系，但价格越高，供给量便越大，价格越低供给量就越小。商品或服务的供给量也会受到各种因素的影响。

供给量与需求量的变化与商品的价格有着重要关系。供给量和需求量的相互作用可以促进商品价格的稳定，从而确保市场的稳定。

效用：我们的幸福感来自哪里

有一对年轻情侣在商业街散步。女孩到了一家服装店前停住了脚步。她对男孩说："你之前答应给我买一套漂亮衣服，之前你一直没有时间，现在有时间就兑现承诺吧。"男孩也想起了自己曾经承诺过要用自己第一个月的工资为女孩买一件衣服，但由于工作之后经常出差，所以一直没有兑现自己的承诺，现在正好有机会，男孩便和女孩一同走进了服装店。

进入服装店之后，女孩看到一件衣服非常好看。当女孩看到这件衣服的标价只有200元时，男孩认为这个价格的衣服不能表达出自己对于女孩的心意，一定要买更贵的衣服才行。正当两人就衣服的价格争论不休时，站在不远处的店面经理走了过来。

店面经理说道："实在对不起，这件衣服的价格应该是2000元，由于售货员的疏忽，少写了一个零，实在抱歉！如果您想要看稍微便宜一些的衣服，可以去楼上看看。"听了店面经理的话，男孩又看了一眼衣服说道："就要这件吧，这才能体现出我的心意。"付完钱之后，男孩和女孩幸福地走出了服装店。

都说爱情会冲昏人的头脑，看了上面的故事，感觉确实如此。但作为一本介绍经济学知识的书，一定不会平白无故地在文章的开篇写一个难以理解的爱情故事。存在即合理，按照之前章节的套路，既然这个故事出现在这里，就说明其中一定隐藏着一个重要的经济学概念。

的确，上面的爱情故事中确实隐藏着经济学的概念，而且还不止一个。针对上面的爱情故事，在经济学中有一个著名的幸福公式，这个公式是由诺贝尔经济学奖的获得者保罗·塞缪尔森提出的。在塞缪尔森的幸福公式中，幸福 = 效用 / 欲望。

想要了解这个幸福公式，首先我们需要了解这个公式中的一个关键元素——效用。当然，效用也是经济学中的一个重要概念。效用是指对于消费者通过消费或者享受闲暇等使自己的需求、欲望得到满足的一个度量。效用的概念最早是由荷兰著名数学家丹尼尔·伯努利在解释圣彼得堡悖论时提出的。在我国古代的一些成语故事中，也曾涉及效用这一经济学概念。

在春秋时期，宋国的狙公非常喜欢饲养猴子，他在自己的家中饲养了一大群猴子，经常与猴子同吃同住。渐渐地，他开始能够理解猴子的意思，而猴子也开始能够理解他的意思。最初，狙公宁可自己和家人挨饿，也会全力满足猴子的要求，但随着时间的推移，狙公的家境变得越来越贫困，家中的生计已经开始难以为继。

为了解决家中的困难，狙公决定减少给猴子吃栗子的数量，但狙公又害怕猴子会变得不顺从自己。于是他开始和猴子商量，他说："以后给你们的栗子，早上三个，晚上四个，你们够吃吗？"猴子听到栗子的数量减少了，都十分愤怒地乱叫起来。过了一会儿，狙公又说："那这样好了，早上给你们四个栗子，晚上给你们三个栗子，这样便够了吧？"猴子听到早上的栗子变多了，一个个高兴得手舞足蹈。

文学家在看到这个故事时，更多地关注狙公如何利用花言巧语哄骗猴子，而经济学家看到这个故事时，则更多地关注猴子的行为发生变化的原因。很显然，狙公给猴子的栗子总数并没有发生变化，但"朝三暮四"和"朝四暮三"却引发了猴子不同的反应。这从经济学的角度来说，是因为"朝三暮四"和"朝四暮三"给猴子们带来了不同的效用。

结合前面经济学中效用的定义，我们可以理解效用是用来解释经济行为是否为消费者带来好处的一个标准。在文章开头的故事中，我们先不考虑男孩在智力上面是否存在问题，但从效用的角度来说，男孩的行为是可以解释得通的。男孩认为只有自己花费 2000 元或是更多的钱给女孩买衣服，才能够表达出自己的心意，同时也才能够令自己得到满足。

效用是消费者的一种主观感受。当消费者对于这种物品表现得越喜欢，这种物品为他所带来的效用也就越大。虽然大蒜具有温中健胃、消食理气的功效，但对于一个不喜欢吃大蒜的人来说，其效用也是很低的。

效用价值论是由奥地利经济学家卡尔·门格尔、英国经济学家威廉姆·斯坦利·杰文斯和法国经济学家瓦尔拉斯在 1871—1874 年先后提出的，效用价值论得到了充分的表述和发挥。英国经济学家 N. 巴本是最早明确表述效用价值观点的思想家之一。他认为一切物品的价值都来自它们的效用，无用之物便没有价值，物品的效用在于满足需求，一切物品能够满足人类天生的肉体和精神欲望，才能够成为有用的东西，从而才具有价值。效用价值论强调的是物品对于人的满足程度，而这种满足程度完全是人的一种主观感觉。

实际上，一种商品是否能够真正地对消费者产生效用，取决于消费者是否有购买这种商品的欲望，也可以说是这种商品是否具有满足消费者欲望的能力。在上面的故事中，如果是面对一件价格2000元的男装，男孩可能就没有购买的欲望，所以这个商品对于男孩便不具有效用。

了解了效用这一概念之后，我们再回去看塞缪尔森所提出的幸福公式——幸福＝效用/欲望。在这个公式中，幸福和效用成正比，而与欲望成反比。也就是说，如果我们能够将欲望限定在一个固定数值上，那么效用的值越大，我们便会越幸福。如果当效用被限定在一个固定的数值上时，则欲望越小，我们会感觉越幸福。

从上面分析可以知道，当我们的欲望不断变大时，我们所感受到的幸福将会越来越小。我国古代讲求知足常乐，就是要求人们不要有太大的欲望，这样才能让自己获得更多的幸福。而在塞缪尔森的公式中，不仅涉及了欲望的问题，同时还指出了效用与幸福之间的关系。

西方效用理论的三条主线	
01	从绝对效用价值论到相对效用价值论
02	从主观效用价值论到客观效用价值论
03	从基数效用理论到序数效用理论

既然上面我们提到效用是一种主观感受，那么幸福也与主观感受有关。对于不同的人，幸福也有着不同的表现形式。幸福只是人的一种主观感受，同时也是一种价值判断。对于想要获得更多幸福的人来说，减少自己的欲望是一种行之有效的方法，但获得幸福最为根本的还是应该增大自己所获得的效用才行。

成本："换道超车"可以吗

小齐和小赵都以贩卖海鲜为主要生计，两个人在东荣海鲜市场都有一个面积不大的海鲜店铺。两人的店铺一个在市场的南端，一个在市场的北端，相距很远。东荣海鲜市场只在南端有一个出入口，北端地方狭小，所以一直没有开放出入口。这样一来，在市场南端，小齐的海鲜生意就比在市场北端小赵的生意要好很多，至少从顾客的数量上看是这样。

但实际上，小赵的店铺收入十分稳定，而且在盈利方面，小赵的店铺甚至要比小齐的店铺要好。之所以会出现这样的现象，主要是因为小赵的海鲜产品不仅质量好，价格也要比小齐的产品便宜许多。即使两家店铺的海鲜产品价格一样时，小赵的店铺依然能够获得更高的利润。

小齐想要通过降价销售的方式把小赵那边的顾客拉拢过来，但小赵同样使用降价的方式对付小齐。由于小赵的海鲜完全是自家捕捞的，所以在价格上有着很大的下调空间；而小齐的海鲜大多依靠从其他地方进货，所以并没有办法持续降低价格。这样，小齐的店铺虽然位置占优，却依然没有小赵的店铺盈利能力强。

对于小赵来说，由于海鲜产品大多为自家捕捞，在定价方面有很大的选择空间。但对于小齐来说，从其他地方进货，使得自己在出售海鲜时必须要高于进货价格才能获得收益，所以在定价方面的选择空间比较小。换句话说，小齐和小赵在海鲜产品的成本方面不同，所以在定价时才会出现不同。

成本作为经济学的一个重要概念，影响着经济活动中的每一个人。在经济学上，成本是商品经济的价值范畴，同时也是商品价值的一个组成部分。当人们在进行一些生产经营活动，或者想要达到一定的目的时，就需要消耗一部分的人力、物力和财力。而这些所消耗的资源的货币表现，也就是把商品提供给市场所需要支出的全部费用，即成本。

但上面小齐和小赵的故事中出现的成本，与经济学中所研究的成本有着很大的不同。上面故事中所涉及的成本是一种会计成本，也可以说是一种货币支出；而经济学中的成本所指的是一种最高代价。

经济学中的成本是将资源用于提供现有的物品或者服务之后，所放弃的其他最好用途所能带来的利益。当你选择了 A 时，就不可避免地会失去在同一时间选择 B、C、D 的机会。经济学所研究的成本来

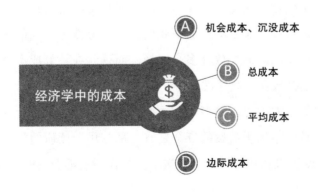

经济学中的成本

Ⓐ 机会成本、沉没成本

Ⓑ 总成本

Ⓒ 平均成本

Ⓓ 边际成本

源于选择，更多地表现为一种机会成本。

我们可以通过下面这个简单的例子，来更好地理解经济学中的成本概念。

假设现在我们拥有 A、B 两个不同的选择，选择 A，我们将收入 1000 元，而选择 B，我们将收入 2000 元，那么当我们只面临这两个选择时，它们各自的成本就是对方的收入。也就是说，A 的成本是 B 的收入，是 2000 元；而 B 的成本是 A 的收入，是 1000 元。这个例子相对来说比较好理解，如果当选择增多时，成本的确定就会发生变化。

如果这时我们在 A、B 的选择之外，再增加一个 C，而 C 的收入是 3000 元。那么这时 A、B、C 的成本分别是多少呢？答案是当我们选择 A 时，成本是 C 的收入，是 3000 元。当我们选择 B 时，成本同样是 C 的收入，是 3000 元。当我们选择 C 时，成本则变成了 B 的收入，2000 元。

在经济学上，我们的成本指的是放弃的最高收入，当最高收入保持不变时，无论做出其他选择的收入发生怎样的改变，我们选择的成本都不会发生变化。这是我们在考虑成本时需要注意的重点，而同时在成本中，还有一个关键的点需要我们注意，那就是当我们做出一个选择时，有可能同时需要放弃多个选择，而这时在计算成本时，就需要将这多个选择放在一起考虑。

当我们上完大学时，很多人会选择去考研。选择考研会有哪些成本呢？首先是原本用于消费的资金要有一部分用于读研的学费。另一方面，选择读研也意味着放弃了直接毕业工作所能够获得的工资收入。

在这里，我们说考研的成本就需要将这两个方面结合在一起，因为选择读研意味着同时放弃了这两个方面的收入，所以在计算读研的成本时也要将这两个收入加在一起才行。

当我们在做一件事时，可能会面临诸多选择，而在这些诸多选择中找出那个成本最低的选择无疑是更重要的。成本从本质上来说又是一种价值牺牲，是为了达到一种目的而放弃另一种目的所牺牲的经济价值。找到成本最低的选择，也就意味着我们会牺牲更少的经济价值。同时选择的成本越低，最终获得成功的可能性也会越高。

2017年4月1日，马云在深圳的IT领袖峰会上说："不要相信弯道超车，十超九翻，而要换道超车。"马云的这番话是针对企业的未来发展所说的，但对于这句话，我们也可以用经济学中的成本来进行分析。

马云一向具有很高的前瞻性，无论是对于时局的发展，还是市场的判断，都是如此。如今他这一番"换道超车"的论述究竟是否对于其他企业具有指导意义呢？这一点还需要具体问题具体分析。

如果我们从经济学的成本角度来看，"弯道超车"和"换道超车"其实是一个选择的问题，既然涉及选择，我们就需要考虑其中的成本，也就是企业选择进行"换道超车"的成本是什么。如果企业能够承担"换道超车"的成本，或者如果企业不选择"换道超车"所付出的成本要超过"换道超车"所付出的成本的话，那么选择"换道超车"对于企业来说，可以说是最小化牺牲经济价值的一个方法。

但如果企业选择"换道超车"的成本过高的话，那么这时如果贸然进行"换道超车"，可能会引起企业的发展危机，从而威胁到企业的生存根基。对于一个企业是否能够进行"换道超车"，还需要从企业的实际出发，充分考虑其中的成本因素，然后再做出合理明智的选择。

事实上，科学有效的成本分析对于企业来说具有至关重要的作用，同时也是决定企业能否在激烈的市场竞争中取得成功的基本要素。

科学合理的成本分析和控制系统可以让企业的管理者清楚地掌握公司的成本架构和运营情况，从而为管理者做出正确的决策提供重要的依据，最终从根本上改善企业的经营状况，帮助企业获得长远的发展。缺少科学的成本分析，则会让企业的发展丧失获利的机会，对于产品的定价也将出现不利的影响，从而使企业陷入越销售越亏损的境地，最终影响企业的长远发展。

在经济学中，成本的概念有很多种，上面我们所介绍的更多的是机会成本的概念。沉没成本、边际成本、交易成本也是经济学中的重要成本概念，在认识这一概念时，应该从全面的视角出发，而不能局限于单一的成本概念之中，从而影响个人和企业最终对于成本的判断。

品牌：吴京的崛起之路

20世纪30年代，钻石供应商戴比尔斯公司主席欧内斯特爵士为了应对经济不景气的现状，决定削减90%的产品，同时成立钻石贸易公司，交由自己的儿子哈里·欧内斯特掌管，主要负责开发新的钻石产品。

哈里决定去美国市场开拓自己的钻石生意。经过一番调查，哈里发现，因为钻石的价格昂贵，只有富人会购买，普通人对于钻石的兴趣并不大。所以哈里通过与普奈尔饰品公司合作，竭力开拓上流社会市场。但是由于富人社会的市场相对狭小，所以哈里的生意做得并不好，公司的经营业绩也开始逐渐下降。哈里的商业策划失败了。

为了能够处理公司积压的钻石饰品，哈里开始与好莱坞的赞助商接触，希望能够将自己的钻石作为奥斯卡颁奖典礼的赠品，同时扩大一下公司的影响力。在1945年的奥斯卡颁奖典礼上，面对哈里送上的24克拉钻石项链，奥斯卡影后琼·克劳馥惊讶不已。听完哈里对于钻石的介绍之后，琼·克劳馥感叹道："如果一个人能有像钻石一样的爱情，那该多好啊。"

琼·克劳馥的一番话让哈里一下子有了灵感。回去之后，他马上调整自己的营销策略，将爱情这一主题植入自己的钻石之中。很快，哈里的钻石成为享誉全球的品牌，而那句"钻石恒久远，一颗永流传"的广告语也传递到了每一个人的心中。

在上面的故事中，哈里的钻石本身并没有发生任何改变，仅仅是将爱情这一主题植入其中，哈里的钻石便具有了自己的品牌特性。通过一系列的营销宣传活动，哈里的钻石成为爱情的见证物。在这之中所体现的就是品牌的价值。

品牌的概念最早是由美国学者大卫·麦肯兹·奥格威在20世纪50年代提出的。当时，由于市场处于短缺经济时代，奥格威等学者从企业视角认知品牌的内涵，强调品牌对于企业具有重要的价值。

品牌可以被认为是消费者对于产品及产品系列的认知程度。作为人们对于一个企业及其产品、售后服务、文化价值的一种评价和认知，品牌更是商品的一种综合品质的代表和体现。在前面的故事中，他的钻石在没有植入爱情这一主题之前，与当时市场上的其他钻石产品并没有显著的区别。而当哈里以爱情为噱头去宣传自己的钻石时，他的钻石便渐渐开始形成一种独特的品牌，而后开始被越来越多的人所接受和认可。

在现在的市场竞争中，品牌已经成为市场竞争的一个重要因素。在以往的市场竞争中，我们更多关注的是企业和产品的品牌。但随着社会经济的发展，个人品牌也成了决定竞争成败的一个关键因素。在日趋激烈的市场竞争中，具有个人品牌的人往往要比那些缺少个人品牌的人要拥有更多的选择机会和发展机遇，同时也更容易成功。

2017 年，由吴京自导自演的电影《战狼 2》被中国内地选送参与第 90 届奥斯卡最佳外语片角逐，《战狼 2》又为吴京带来了一项荣誉。截至 2017 年 10 月 9 日，《战狼 2》的内地票房已经超过 56 亿。

自上映以来，《战狼 2》的票房便开始呈现一种无人能挡之势，先后将前几届的国产电影票房冠军挑落马下。《战狼 2》的票房也从 10 亿开始一步步向着 20 亿、30 亿进发，最终顺利突破 50 亿大关。《战狼 2》成为中国电影票房历史上的一个超现象级影片，创造了中国电影史上的神话。

《战狼 2》的成功已经不能仅仅从电影艺术层面上去进行分析了，它的成功是多种不同因素共同作用的结果。这些因素的作用有大有小，但都不可或缺地成为《战狼 2》成功的一个重要助力。在《战狼 2》的成功中，吴京的个人品牌价值起到了至关重要的作用。

想要树立个人独特的品牌，需要具备许多不同的条件。我们可以从吴京的崛起之路去发现这些不同的条件。

吴京与李连杰师出同门，吴京早在 8 岁便获得了全国武术冠军，但由于几次严重的伤病，让吴京不得不在巅峰之时退出武术界。本以为吴京就要淹没于普通人之中时，21 岁的吴京决定进入影视圈，希望在其中闯出一些名堂来。

因为俊朗的外表以及一身好功夫，吴京接连拍摄了《功夫小子闯情关》《太极宗师》等电影，但吴京虽然是男一号，却始终没有因为哪部电影而红起来。作为动作演员的吴京希望能够开创一个属于自己的动作片时代，但"挡"在他面前的大山实在太多了。

吴京想要寻求突破，于是 2005 年他只身一人前往香港发展。刚到香港的吴京并不像在内地一样受到重视，香港作为功夫片的发祥地，随便一个演员便能要一两下功夫，具有很深的武打功底的著名艺术家也不在少数。初到香港的吴京只能从配角开始做起，虽然依靠自己的拼劲，成功地在香港站稳了脚跟，但当时的吴京依然没有自己的品牌。吴京的名头只是从内地打星变成了香港打星。

这里便涉及树立个人品牌的一个重要步骤——找准自己的个人定位。对于吴京来说，虽然自己的身份已经变成香港打星，但究竟该将自己定位在哪个方面呢？是像成龙一样成为幽默搞笑的功夫演员，还是像李连杰一样成为风格独特的功夫演员，或者是像《杀破狼》中一样，延续自己凶狠硬拼的形象呢？

前面两位著名的功夫演员都以具有个人风格的动作片闻名于世，也正是因为找准了定位，成龙和李连杰才会获得成功。如果当时的成龙选择走李小龙的功夫路线，那么最终的结果可能并不乐观，而中国的电影史上也将缺少一位具有代表性的功夫艺术家。

对于当时的吴京来说，无论自己在香港成为第几位的武打演员，如果没有找到适合自己的定位，那自己只能一直充当别人的配角。基于这样的考虑，在经过一段时期的发展之后，吴京选择重新回到北京，这一次他找到了自己的定位。

回到北京的吴京将"军人形象"作为自己的发展定位，在这一点上，吴京也的确具有这样的条件。先天的武术功底培养了吴京吃苦耐劳的个人品质，多年的港漂经验更是磨砺了吴京的个人意志。选定了清晰的发展方向之后，吴京前往特种部队进行长达18个月的特种训练，与真正的特种兵一起，不仅学会了各种特种兵技能，同时还掌握了各种枪械技术。在这一方面，吴京已经成为一名合格的特种兵战士。

在找准了自己的定位之后，吴京开始自己在不同领域内的深耕。于是《我是特种兵》《战狼》等影片相继出炉，吴京的"特种军人"形象也开始被广大观众认可。在《战狼》创造了5亿票房之后，吴京成功地将自己的品牌又提升了一个层次。

为了能够继续延续这种品牌价值，伴随着铺天盖地的公关宣传，《战狼2》正式上映。而伴随着《战狼2》票房的空前成功，吴京已经将自己的个人品牌打造得牢不可破。即使接下来的《战狼3》无法取得现在《战狼2》这样的辉煌成绩，但吴京的个人品牌也成了一种坚不可摧的存在，可以说在动作片的道路上奋斗了二十多年的吴京，已经成功地开创出属于自己的功夫片时代。

从吴京的崛起之路中，我们不难发现，个人品牌定位对于个人品牌的树立具有至关重要的作用，可以说这是树立个人品牌的基础。而吴京从个人的能力特长出发，将"特种军人"作为自己的个人品牌定位，无疑是一个极为明智的选择。

另一方面，在树立个人品牌的过程中，吴京不仅充分发挥自己的技能特长，还拥有着极强的学习能力，在较短的时间内便掌握了特种兵的相关技能知识，这也为他树立个人品牌起到了重要的助力作用。

最后通过一些公关宣传和形象包装，无论从语言、行为和衣着上面，吴京不断地加深自己的"军人"和"硬汉"形象，并被越来越多人所认可，这对于树立自己的个人品牌也是十分重要的。

不论是企业品牌、商品品牌，还是个人品牌，品牌已经成为一种无形的资产，具有巨大的经济价值。很多时候，品牌所能够创造的价值要远远超出人们的想象。也正因如此，现在，各个领域中都高度重视品牌的研究，相信在不久的将来，品牌的价值将会更多地为人所熟知和运用。

投入与产出：刘德华不为人知的奋斗史

孙华和张顺从小就是很要好的朋友，长大之后，由于孙华外出上学，两个人渐渐变得生疏起来。两人重新开始联系是在孙华大学毕业回到家乡之后。张顺因为成绩不好，高中毕业后就开始工作。巧合的是，孙华回到家乡之后，竟然和张顺进入了同一个工厂工作，不同的是孙华在办公室工作，张顺则在车间工作。

孙华的工作很轻松，每天制作几张工作表格，下车间检查一下生产进度，四处转悠一圈，一天的工作就算完成了。张顺在车间工作八小时之后，很多时候还需要加班。即使是这样，孙华的工资依然要比张顺高出不少。

在这样清闲的工作环境中，孙华感觉无事可做，但他又不想去做别的工作，虽然只有八个小时的工作时间，孙华也总觉得度日如年。而张顺在熟练地掌握了现有工作岗位上所需要的知识和技能之后，便能够轻松地完成八小时的工作量，但即使这样，他依然选择在工厂多待一个小时，每天都利用这一个小时的时间跟着老师傅学技术。

　　每天早早下班的孙华并没有发现张顺的变化，但很快他发现自己在工资水平上，反而被张顺落下一大截。原来张顺经过了几个月的学习，慢慢地掌握了各个车间的生产技术，无论是设备的操作还是简单的设备维修，他都能够轻松应对。张顺也从普通的生产线工人被提升为车间的负责人，工资水平自然上涨不少。

　　"一分耕耘，一分收获"所表达的不仅是字面上的播种与收获，更多的是在告诉我们投入与产出的关系。一个人付出了多少，他的收获就会有多少。在上面的故事中，虽然孙华在学历上要比张顺高，但这也只能决定他所获得的工资在最初要比张顺高，但在工作的过程中，张顺通过每天一小时的学习积累，逐渐缩小了自己与孙华之间的差距，最终在工资上超过了孙华。

　　张顺投入了更多的精力在工作上，提高了自己的工作能力，而孙华则仍然像刚刚工作时一样，所以二者在工资收入上才会出现倒转。我们在前面的章节中曾讲到成本的概念，每一个人在经济活动中，都希望自己的收益要远大于成本，但实际上这种想法是不切实际的。在市场经济活动中，既有人会赚钱，也有人会亏损。

　　在经济学中，想要获得最大化的利益，就要让自己的成本变得最小。但是"天下没有免费的午餐"，成本的最小化必须要被限定在一个合理的范围之内，如果低于这个范围，我们很可能无法获得收益。

　　当我们播种时，如果想要通过减少化肥和农药的使用量来降低农业种植的成本，最终很可能辛辛苦苦种植的作物都会被病虫所侵害。这样做不仅不会因为成本的降低而让我们获得更多的收益，反而会使得我们无法获得任何收益。

　　很多时候，我们在做事时所付出的努力便是一种投入，而这件事

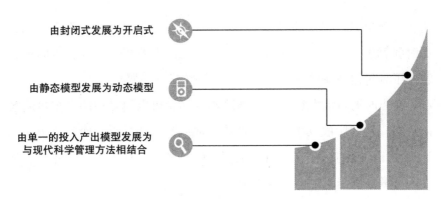

由封闭式发展为开启式

由静态模型发展为动态模型

由单一的投入产出模型发展为
与现代科学管理方法相结合

投入产出分析的发展特点

情的结果则表现为一种产出。虽然我们并不能准确地看到这种努力的投入对于最终产出所带来的影响，但是实际上，如果没有这种努力投入的话，往往不会产出一种好的结果。对于一个本就和别人存在差距的人来说，多投入就显得更加重要一些。

在娱乐圈中，明星就如天上的星星一般，没有人知道自己会不会成为一颗流星，所以每个人都必须要不断地努力，只有这样才能保证自己能够始终高高地悬挂于天上，而不会转瞬即逝。对于这一点，即使是已经成为著名演员的刘德华也无法避免。

回看刘德华的奋斗史，我们会发现他所走过的路并不平坦。早在1981 年报考香港无线艺员训练班时，他便开启了自己的奋斗之路。在三十多年的演艺生涯中，刘德华拍摄了超过 150 部电影，唱了超过2000 首歌，仅从这一数据上来看，刘德华也无愧于娱乐圈的劳模代表，而事实上，在这之中，刘德华还付出了更多的努力。

在唱歌方面，曾志伟曾经对于刘德华有过这样的评述："他原本唱歌就像唱大戏一样，很难听。别人也经常嘲笑他这个初出茅庐的毛头小子，但这并没有使他放弃，反倒让他认识到了自己的不足而更加努力。演出完，别人都回去休息了，他却躲到了自己的车里填歌词，那时我就想，这个年轻人必定会与众不同。看看现在的他，真的被我言中了，对他现在的成绩，我只能说一个字——服！"

在当时的香港歌坛中，谭咏麟和张国荣可以说是像两个炽热的太阳一般，他们所散发出来的光芒让其他人都无法靠近，而刘德华正是通过不懈的努力，才在当时"艰苦"的环境中生存了下来，并一步步在香港歌坛闯出自己的一片天地。

在影视方面，在拒绝与TVB再续5年长约之后，刘德华失去了许多工作的机会，这也让他失去了许多发展的机会。但刘德华依然坚持自己的想法，用他自己的话说："每一个人的选择都是从内心而发的，我就跟着我的那个方向走，一直走一直走，结果我碰到了《法外情》，碰到了《旺角卡门》，碰到了《天若有情》。"

在没有工作的那段时间，刘德华依然坚持不断完善自己，演技不行就多进行表演，舞蹈不行就专门去学习，机会总是青睐有准备的人。当机会到来时，刘德华努力抓住了机会，最终才成就了今天的传奇。当时有一个人与刘德华做出了截然不同的选择，那个人就是梁朝伟，他选择继续留在TVB，事实上，最终梁朝伟也获得了成功，而不可否认的是，在这段时间中，他也付出了巨大的努力。

很多时候，做出了哪种选择并不重要，重要的是做出选择之后是否投入了自己的努力。一个人的选择与他最后获得的收益有着很大的关系，但最终起到决定作用的更多的还是做出选择之后，他所付出的努力有多少。

单纯的坚持并不能让我们的产出提高，不断增加投入是提高产出的关键。在刘德华的影视作品中，他不仅尝试过大夏天全身包裹保鲜膜进行拍戏，同时也经历过夏日的暴晒雨淋。更多时候，刘德华会为了电影的拍摄而牺牲自己的形象，从而全身心地投入角色的扮演中。正是这种努力，才创造了一个又一个经典的影视角色，也最终让刘德华在影视的道路上越走越远。

不仅是在娱乐圈，在现代社会的各个领域中，只有那些愿意付出、懂得投入的人才能够获得更多的回报。在激烈的市场竞争中，天才往往占据着很大的优势，但是对于那些并不具备特殊天赋的人来说，在后天不断加大努力进行投入，才能在最后获得更多的产出。

第二章
消费经济学——学好经济不上当

替代效应：葡萄涨价就吃香蕉

　　王猛在一家便利店打工，便利店的老板是一个40岁左右的男人。除了传授给王猛一些销售技巧外，便利店老板还会经常传授给王猛一些经济学常识。

　　这一天，老板需要外出进货。一大早王猛刚刚进入店门，老板就将王猛叫到柜台前。今天老板要将经济学中的替代效应传授给王猛。但因为进货的时间马上就要到了，老板只能匆忙地为王猛点拨一点皮毛。

　　因为店里的可乐正好没货了，所以老板为王猛举了一个可乐的例子来说明经济学上的替代效应，老板说："当有客人来咱们的店里购买可乐时，正好这个时候咱们店没有可乐了，那该怎么办？你不能让客人就这么走掉，这时你可以向客人推荐雪碧、芬达或者健力宝等其他饮料，让这些饮料替代没货的可乐来让客人购买。其中所体现的就是替代效应。"

眼看进货的时间就到了，老板急急忙忙地出了门。现在的店里只剩下王猛一个人，从王猛的表情上来看，他似乎对于老板所讲的这个经济学的道理并没有完全弄清楚。不一会儿，一个小男孩来到店里要购买可口可乐，王猛想到正好可乐没有货了，在向小男孩陈述了情况之后，他建议小男孩购买雪碧或其他饮料。没想到小男孩果真听了王猛的话，拿着一罐雪碧离开了商店。看到手中收到的钱，王猛有一种神奇的感觉。

又过了一段时间，一个中年男子走进商店，从表情上看他似乎是有些不舒服。男子进店之后急急忙忙地询问王猛卫生纸放在什么地方，王猛伸手指向店里面的一角，男人踱步到角落却并没有发现卫生纸。这时王猛才想起来，店里面的卫生纸已经卖光了，站在男子身边的王猛想到了老板的教导，为了不让这个顾客空手走掉，王猛左思右想有什么东西可以替代卫生纸。眼看着男子就要转身离开，王猛脱口而出："先生，我们店里的卫生纸刚好卖完了，这边有卫生巾，您看可以吗？"

在上面的故事中，王猛搞出了一个大笑话。但在欢笑之余，我们还应该弄明白王猛搞出的这个笑话究竟哪里出现了问题。店长教给王猛的替代效应的确是经济学中的一个重要术语，店长所举的例子也没有问题，但问题似乎出在了王猛的应用上。在解决这个问题之前，我们首先了解一下替代效应的内容。

替代效应指的是一种商品价格变动而引起的商品的相对价格发生变动，从而导致消费者在保持效用不变的条件下，对商品的需求量发生了改变。其实这个概念并不难理解。

相信很多人都会有过同样的经历，当我们在市场购买水果时，如果看到香蕉的价格下降了，而葡萄的价格却没有变化。这时我们便会觉得葡萄似乎变贵了，当然这种变贵是相对于香蕉变便宜而言的。

　　如果从物品的角度来说的话，当两种物品中的一种由于价格上升而引起另一种物品的需求增加，那么这两种物品便可以被称为替代品。最简单的例子就是当猪肉的价格上涨时，更多人会选择购买牛肉和羊肉。虽然实际在价格上，牛羊肉每斤的价格依然要比涨价后的猪肉要贵，但从感觉上来说，猪肉价格上涨之后，牛羊肉似乎便宜了许多。

　　这和上面故事中，店长为王猛举的例子一样，由于店里面已经没有可乐，所以小男孩会选择可乐的替代品。但王猛在实际的应用中，将卫生巾当作是卫生纸的替代品就出现错误了。

　　在经济学中，替代品必须是具有相同或者相近效用，并且可以满足消费者的同一种消费需要的两种商品。可乐和雪碧同样都是碳酸饮料，对于消费者来说在效用上是一样的。但卫生巾和卫生纸在效用上就大有不同了，并且二者也没有办法满足消费者的同一种需要，所以它们不是替代品。

　　替代效应在我们的生活中十分普遍，除了前面所说到的猪肉和牛羊肉可以相互替代外，还有很多其他的物品可以相互替代。当土豆涨价时，人们会选择多吃茄子、南瓜。当大米涨价时，人们会选择多吃馒头、面条。但是，在我们的日常生活中，还存在着许多其他的东西是没有办法替代的。

　　一般来说，越是价格昂贵的物品，越是难以替代，最具代表性的就是那些价值连城的艺术品。凡·高的《向日葵》无论价格涨到多少，都很难找到相同的替代品，那些收藏家们也不会因为《向日葵》价格的上涨而寻找其他的替代品进行收藏。一般来说，那些个性化极强的物品，都很难找到替代品。

在经济学中，商品之间除了具有替代性之外，还具有互补性。

替代性如前面所说是两种商品在效用上相似并能够满足消费者的同一种需要，这样消费者在面对一种商品的价格发生变化时，可以通过增加另一种商品的消费，来保持商品对自己的效用不变。

互补则指的是两种商品在效用上是相互补充的，它们必须相互结合在一起共同使用才能够满足消费者的需求。这一类的商品在前面我们也有所提及，比如汽车和汽油、电和电脑，两者必须要联合起来才能够满足人们的需求。

正因为替代品和互补品在定义上有着很大的区别，所以二者在价格变化和需求量的变化方面也有所不同。作为互补品，当其中的一种商品价格上升，其需求量下降的同时，其互补品的需求量也会同样减少。当其中的一种商品价格下降，其需求量增加的同时，它的互补品的需求量也会增加。

替代效应不仅在商品买卖中发挥着重要的作用，在我们的工作中，替代效应也发挥着重要的作用。当我们在抱怨上级的工资永远要高于自己的工资时，我们首先需要仔细分析一下别人的身上有什么东西是我们自己所不具备的。或者说，为什么我们不能替代自己的上级？在找到自己的不足之后，努力弥补自身的缺陷，这样才能替代原来比自己能力强的人。

替代效应在我们的生活中无处不在，无论是工作、经商，还是日常消费，我们都应该学会利用这种经济效应来为自己服务。

信息不对称：砍价为什么要砍一半

冯杰和女朋友小艾一同去商场购物，在经过一家服装店时，冯杰看上了一件时髦的外套。冯杰仔细地打量着那件外套，越看越满意。但当看到价码时，冯杰的热情一下子凉了一半。一件外套竟然要700元，这远远超出了冯杰的预算。对衣服恋恋不舍的他即将转身离开，女朋友小艾一下子拉住了他。"500元怎么样？"两个人商量了一会儿，接待别的客人的售货员也正好走了过来。

售货员对着衣服夸耀了一番之后，冯杰的女朋友打断了她的介绍。

小艾："这件衣服350元卖吗？"

售货员陪笑着答道："哎哟，您这么说我们还怎么做生意啊。您看要不这样吧，我给您按折扣价650元，怎么样？"

小艾："太贵了，400吧，这马上也就换季了，也穿不了几天。"

售货员："瞧您说的，这件衣服到了来年也一样时髦的，如果您真的选定了，我就按最大折扣给您，600元不能再少了。"

小艾："你再便宜一点。"

售货员："这已经是最低价了，真的没法再给您便宜了。"

小艾："500元吧，500元能卖的话，我们就拿走了，不卖就算了。"

看着小艾和冯杰就要转身离开，售货员只得同意了小艾的要求，同时还不停地强调这已经是进货价了，自己基本就没挣钱。

对于小艾的砍价功夫，冯杰佩服得五体投地。当他问小艾为什么敢砍下那么多钱，小艾笑着答道："为什么不敢？你知道真实价格有多少钱吗？他们标出来的价格就是让我们砍的呀！不砍他一半才是傻子呢。"

"讨价还价"是我们在消费中经常会遇到的事情，无论是商家还是消费者，对于商品的价格都有着自己的"小算盘"。商家心想，客人肯定会砍价，所以将商品的价格稍微标得高一些，这样既让消费者觉得砍下了价格，又能够保证自己的实际收益。而消费者认为商家的商品标价一定是虚高的，所以必须要砍价，而且要狠狠地砍才行。

但在这种买卖模式中，消费者无论怎样进行砍价，商家都不可能亏本销售。为什么会出现"讨价还价"的现象呢？这一问题的关键主要是因为作为买卖双方的消费者和商家所占有的信息是不对称的。

在实际的经济活动中，信息的不对称十分常见。在商品买卖中，消费者不仅对商品的价格信息不了解，而且对于商品的个体信息也并不能够完全认清。在这一点上，商家要比消费者拥有更多的关于商品的信息。对于消费者而言，在购买商品时，只能通过商品的外部信息对商品进行了解，从而获得相对不完整的商品信息，然后根据这些掌握的信息，进行商品的"自我定价"，最后与商品标价进行对比，决定是否购买这一商品，或者应该以什么价格来购买这种商品才更合适。

作为商家，虽然表面上会为消费者展示全面的商品信息，但实际上，作为理性的经济人，获得最大利益始终是商家的最终目标。从这样的角度出发，商家便不可能完全将商品的信息介绍给消费者。在市场经济活动中，信息不对称的存在是不可避免的，并且十分普遍。

不仅在经济活动中，在我们的社会生活中，信息的不对称也是普遍存在的。整个人类社会的发展都是在信息不对称的情况下进行的，政府与公众之间存在着信息的不对称，企业和个人之间存在着信息的不对称，雇佣双方之间也存在着信息的不对称。正是因为信息的不对称，让我们的社会逐渐产生信任危机，人与人之间的关系也越来越不可靠。而在经济学中，信息的不对称问题则是信息经济学所研究的一个重要命题。

信息不对称理论是由美国经济学家约瑟夫·斯蒂格利茨、乔治·阿克尔洛夫和迈克尔·斯宾塞共同提出的。它是指在市场经济活动中，各类人员对有关信息的了解存在差异。掌握信息比较充分的人员往往处于比较有利的地位，而掌握信息较为贫乏的人员则处在比较不利的地位。

信息不对称理论为许多市场现象提供了解释，从而成为现代信息经济学的核心，被应用于社会生活的各个领域中。

信息经济学认为，正是由于信息的不对称才造成市场交易双方的利益失衡，从而影响了社会的公平和公正以及市场的资源配置效率。虽然针对这一问题，信息经济学提出了一些解决的办法，但这些方法大多数只是根据现有的经济现象所得出的分析结论，对于解决现实问题还存在着很大的差距。

信息经济学揭示了信息不对称的存在，它的价值在于说明了信息和土地、资本一样，是一种需要进行经济核算的生产要素。信息是有

信息不对称可能产生的问题

代理人问题　　　　道德风险问题　　　　逆向选择

价值的，这也就决定了那些占有信息的人在交易活动中拥有优势。

在日常生活中，我们经常会听到别人说"砍价就要砍一半"，事实上这句话并没有太多的依据，这句话更多的只是人们在日常的交易活动中总结出来的一种经验。虽然没有依据可言，但也说明了在市场活动中信息不对称对于买卖双方的影响。

我们以上面的故事为例，首先不去考虑那家衣服的价值因素，单单从定价方面，最初的定价是 700 元，而最后被买走的价格是 500 元。虽然销售员嘴上说这已经是进价了，但很显然这句话并不可信。如果在购买这件衣服之前小艾不去讲价，那交易结束后，小艾和冯杰就白白损失了 200 元。

因为销售员清楚这件衣服的实际价格，而小艾和冯杰并不清楚它的实际价格，所以在讨价还价的过程中，小艾和冯杰还是处于劣势。最终小艾只能在一个自己认为合理的价格上买走这件衣服，而不是以这件衣服的实际价格买走它。这也是信息不对称所导致的。

在市场中，许多商家为了获得最大化的利益，往往将商品的定价标得很高。因为信息不对称，所以消费者没有办法区分定价与实际价格之间的差距，所以很多时候，消费者购买商品的价格要远远超出商品的实际价值。

但随着互联网技术的不断发展，商家的这种做法开始慢慢对消费者失去了效果。互联网的普及让信息的传播更加便捷，消费者想要获取信息也更加方面。以往买一件衣服需要"货比三家"，消费者走了很远的路，才能找到相对便宜的商家。现在只要通过手机轻松一搜，商品的信息就能够快速地出现在消费者的面前。虽然没有从根本上解决信息不对称的问题，但也在很大程度上减少了信息不对称对市场经济产生的不良影响，也保证了市场经济的健康有序发展。

现今，很多人利用信息的不对称做起了生意，通过帮助消费者介绍合适的商品、优质的店铺，或者廉价的服务来获得利益。这更加说明了信息对于每个人的重要性。在信息化的今天，只有拥有更多的信息，才能让我们在各项活动中做出正确的决策。提高我们获取信息的能力，将会让我们在工作中更加得心应手，工作的效率也将得到显著提高，同时也能够降低信息的不对称对我们所造成的损失。

非理性因素："剁手党"的出现

小美是一家大型商贸公司的前台，除了小美之外，这家公司还有几个与小美一样刚刚毕业的大学生。这一天正好是 11 月 11 日，虽然小美和几个刚刚入职的同事都不是单身，但这一天对于他们来说，同样是一个重要的节日。

不知从哪一年起，11 月 11 日便成为网络购物的一个重大节日，不止是小美和她的同事们，大多数人都会在互联网上"血拼"一把，大有要把一年中所需要的东西全部都买齐的架势。小美和同事为这一天早已经准备多时，她们专门建立了一个聊天群来彼此分享购物信息。

在大致忙完了自己的手头工作之后，小美和同事便开始动手抢购起来。小美不仅挑选了自己用的各种物品，同时还为父母和男友选好了一大堆日用品。如果用现实中超市的手推车的话，可能要连续推个两三辆才行。正当小美思考着还有什么东西要买时，聊天群里面的同事开始晒出自己的购物车截图，小美看到同事购买的东西之后，抓紧抢购了几个自己忘记买的东西。在选购时，小美还特别选购了几款比同事买的要贵一些的化妆品。

虽然手头上的预算有限，但在信用卡的帮助下，小美依然成功地清空了自己的购物车。在完成了结算之后，小美在聊天群里发出了"剁手吧！剁手吧！"的消息，同事也一同表示出了"下一次再这样就要剁手的决心"，但实际上，第二年她们依然会用双手来填满自己的购物车。

相信不仅是小美和同事是"剁手党"，每年"双 11"到来时，都会出现很多的"剁手党"。事实上，对于"打折促销""购物狂欢"这样的噱头，大多数消费者应该都清楚其中的秘密。如果仔细阅读了前面章节的内容也会发现，在经济学上，每一个人都是理性的经济人，每一个人都会为自己追求最大化的利益，没有哪个销售者会将自己的利益让给消费者。

从另一个角度来说，消费者也一样，作为理性的经济人，一定也会从自己的最大利益出发，去展开自己的行动。在购物方面，消费者会更加精确地计算成本和收益，从而使自己的效用最大化。但这种疯狂抢购自己一时间用不到，或者买完后发现很多余的商品，却并不能称得上一种理性的行为。在这里，首先我们需要认识经济学上的另一个概念——有限理性。

有限理性是一种介于完全理性和非完全理性之间的在一定限制下的理性。这一观点最早由阿罗提出，他认为有限理性是人在处理信息时是有意识地理性的，同时这种理性又是有限的。由于人们对于事物的计算能力和认识能力都是有限的，所以很多时候，人们的理性往往会表现为有限理性。

上面故事中所提到的消费行为，已经不仅仅局限于有限理性的范畴中，更多的已经转变为一种非理性的行为。那么作为理性经济人的消费者又为什么会出现非理性的经济行为呢？关于这一点，许多经济学家都提出过自己关于经济行为中非理性因素的观点。

德国经济社会学创始人马克思·韦伯认为，实际进行中的个人的经济行动通常都包含着理性的因素和非理性的因素。他认为在经济交易时，根据目的、手段和附带的后果来规定自己行动的目标，同时也要合理地权衡达到目的的手段，又要合理地考虑产生附带后果的目的，最后还要考虑彼此有关的各种可能的目的。这些便是经济学中理性经济行为所包含的因素。

对于非理性因素，马克思·韦伯则将其分为三种不同的类型。首先是价格合理的因素，这是一种在经济活动中内化于行动者的价值观念。在价格合理的因素中，也包含着经济主体的一种主观因素，具体表现为经济主体经过了考虑和选择来确定与主要经济目标相联系的价值关系。

另外两种因素是情感的因素和传统的因素，情感的因素是说经济主体往往会凭借一时的情感冲动而做出相应的决策，这种行为既没有考虑其后果，也缺乏相应的计划。传统的因素在现实经济行为中表现得更多，如以邻里关系为基础的合伙经营，或是各类企业中的裙带关系等。

在上面故事中，小美和同事的消费行为则是在多种不同的因素共同影响下产生的。正如前面所说，情感的因素是其中之一。因为看到网络上的商品正在打折促销，消费者感觉在这一时间购买商品要比其他时间便宜很多，而同时消费者在自己的购物消费上面又缺乏相应的计划，所以往往会看到什么合适就选择购买，不去考虑后果，最终会发现自己所买回来的东西并不一定是他们真正想要的。

另一方面的因素则更多地表现为消费者之间的攀比心理，在冲动消费的同时，部分消费者看到自己身边的人所购买的物品，往往会选择购买一些同类型的更为高档的物品。在这个过程中，消费者所关注的已经不仅仅是商品的实际效用，更多的是想通过商品来炫耀自身的地位和价值。

非理性因素的存在使得消费者在经济活动中出现非理性消费的行为。非理性消费不仅会白白浪费个人的物质财富，还会影响到人们的生活方式。将资金用于并不真正需要的物品上，而真正需要的东西却没有准备足够的资金，最终也会影响到个人的正常生活。

价格歧视：公交票价背后的玄机

小文每天上下班都需要倒两趟公交才能到家，每天光坐公交就要花费掉五六元。为了能够尽量节省公交车费，小文仔细研究了公交公司的各种优惠公交卡。

公交 A 卡可以定期充值任意金额的现金，在乘车刷卡时可以享受 9 折优惠，可以多人使用，但在办卡时需要缴纳 20 元押金。公交 B 卡是每月充值 60 元，全市的公交每个月可以乘坐 130 次，但是只能本人使用。另外还有老年卡、学生卡和优惠卡等多种类型的公交卡种。最近小文所在的地区又推出了一种刷银行卡乘车的政策，只要在银行卡的电子钱包里面充钱，就能刷卡乘车，享受 9 折优惠。

　　权衡之后，小文决定办理一张乘车的银行卡，这样不仅充值方便，同时还能够享受相应的优惠。小文不明白为什么公交公司要推出这么多种类的公交卡，几乎是每一个年龄段的人都能有自己相应的公交卡。其实在这种现象背后，隐藏着一个重要的经济学概念。

　　实际上，小文在选择公交卡时遇到的现象，也存在于我们社会生活的其他方面。除了乘坐公交，当我们去电影院看电影时，儿童能够享受半价的优惠，学生也能够凭借学生票享受较大的优惠，同时还有团体票、套餐票等不同形式的电影票。不少旅游景区也是一样，儿童票半价，学生票半价，然后还有情侣票、团体票等不同的票价优惠。其实这些现象都可以用经济学中的一个原理来解释，这个原理就是价格歧视。

　　价格歧视在本质上是一种价格差异，一般指商品或者服务的提供者在向不同的接受者提供相同等级、相同质量的商品或服务时，在接受者之间实行不同的销售价格或者收费标准。一般而言，如果经营者在没有任何正当理由的情况下，就同一种商品或者服务，对不同的买主实行不同的价格销售，那么这种行为便构成了价格欺诈。但是在上面我们所提到的这些行为，却并不属于价格欺诈的范畴。

　　前面所提到的无论是公交车票价，还是电影院、旅游景区的票价都可以归为一种垄断定价行为，更多的是垄断企业通过差别定价来获取超额利润的一种定价策略。对于这些企业的经营者来说，将商品或者服务的价格定在一个较高的位置，可以帮助企业获得更多的利润。但如果将商品的价格定得太高的话，又会让许多支付能力较低的消费者望而却步。虽然有消费的意愿，但却没有消费的能力，从而使得经营者最终获得的利润会减少。

　　那么经营者究竟该怎样才能既赚到支付能力高的人的钱，又赚到支付能力低的人的钱呢？在这里，价格歧视便出现了。在这里，价格歧视有一个比较重要的前提，那就是垄断企业的经营者能够将市场中的消费者分割开来。也就是说垄断企业只有将市场中的消费者分割为具有明显不同支付能力的群体，才能够对这些不同的群体实行不同的价格。

　　像上面所提到的影院、旅游景区和公交公司都可以将消费者分为不同的消费群体，然后依据不同消费群体的特征，再进行差异化的定价，从而获得更多的经济利益。价格歧视也分为几种不同的等级，不同的等级对应着不同的价格歧视行为。

　　首先，一级价格歧视又被称为完全价格歧视，指每一单位产品都有不同的价格，也就是说如果垄断企业的经营者知道市场中每一个消费者对于任何数量的产品所要支付的最大的货币量，然后根据这一信息决定商品的价格，最终的定价正好等于产品的需求价格。所以，垄断企业的经营者将会获得每个消费者的全部消费剩余。

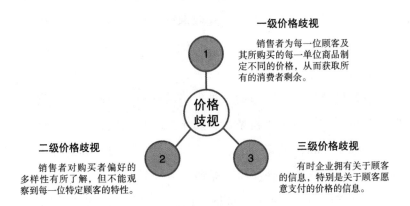

一级价格歧视
销售者为每一位顾客及其所购买的每一单位商品制定不同的价格，从而获取所有的消费者剩余。

价格歧视

二级价格歧视
销售者对购买者偏好的多样性有所了解，但不能观察到每一位特定顾客的特性。

三级价格歧视
有时企业拥有关于顾客的信息，特别是关于顾客愿意支付的价格的信息。

对于一级价格歧视，在日常生活中并不常见，但并不代表这种现象不存在。打个比方，如果在一个小镇上，一家公司控制着这个小镇唯一的纯净水源，那么如果这家公司知道这个小镇每一户人家为了买水所能够付出的最高价格，这家公司便会对不同的家庭收取不同的价格。这个价格刚好是每个家庭愿意付出的价格，这样前面所说的消费者的全部消费剩余就转到了这家公司的手中。

二级价格歧视是垄断企业了解消费者的需求曲线，然后垄断企业根据将消费者的需求曲线分成不同的段，而后根据购买数量来确定不同的价格。在这之中，垄断企业只能够获得一部分消费者的消费剩余。

简单来说，在二级价格歧视中，垄断企业不能完全了解消费者在消费方面的偏好，不能观察到每一位消费者的特性。但仍然能够根据一些方式来在不同的消费者之间进行价格歧视。比较典型的就是商场推出的多买多送的折扣活动，因为商场并不能完全确定消费者对于商品是否存在偏好，所以通过数量上的多买多送来降低商品的价格，最终让消费者自主地选择商品。

三级价格歧视则是指垄断企业对不同的消费者收取不同的价格，消费者的需求价格弹性越大，垄断企业收取的价格就越低。消费者的需求价格弹性越小，那么垄断企业收取的价格就越高。一般来说，这种定价方式更多的是在需求价格弹性较小的消费者群体那里获得更多的消费剩余。

三级价格歧视是最普遍的一种价格歧视行为。前面所说到的公交车票价、电影院票价和飞机票价都属于三级价格歧视。在三级价格歧视中，垄断企业将消费者分成若干不同的群体，对不同的群体制定不同的价格，这种行为就是前面所提到的市场分割。

虽然从字面意思上来看，价格歧视存在着贬义的成分，但实际上，在看待价格歧视时，我们应该从多种角度来看。在经济活动中，价格歧视使得拥有不同需求的消费者都能够得到有效的供给。从供给与需求的角度来说，整个经济活动中并没有出现歧视行为。在很多三级价格歧视中，垄断企业的设备或资源可以得到有效的利用，对于整个社会来说是具有积极意义的。

但不可否认，有些价格歧视行为确实会损害我们作为消费者的切身利益，所以了解价格歧视的相应理论原理，对于我们认识经济活动中的众多现象具有重要的帮助。不仅能够减少我们在经济上的损失，同时能够让我们更加准确地去判断市场中的各种经济行为，从而对我们的日常生活产生积极的影响。

引导消费：KTV 为什么免费赠送花生和瓜子

看着即将装修完成的婚房，周强的心中不由得升起了一丝骄傲。毕业之后，依靠自己几年的打拼，周强成功地买下了自己的第一套房子，虽然首付是父母出的，但剩下的一切支出全是周强一人承担。就连结婚的费用都是周强自己一点一点挣出来的，想到这里，周强的嘴角扬起了微笑。

看着房屋装修即将完成，周强准备和女朋友一起去挑选家具。听女朋友说有一家家具城的沙发质量非常好，两个人便决定到那里选购沙发。到了家具城之后，周强看上了一款沙发，女朋友看了之后也十分喜欢。正当二人选完了沙发准备离开时，销售员又向两人推荐了一款餐桌，并且不停地围着两人介绍。

原本没有意愿购买餐桌的周强，只得跟随销售员来到餐桌的展示区。当看到销售员推荐的餐桌之后，周强和女朋友确实感到这款餐桌很适合自己家中的装修风格，价格也比较合适，便决定买下这款餐桌。

当周强买下餐桌之后，销售员又开始向两人推销茶几和电视柜，销售员强调这款茶几和电视柜的配色和款式与餐桌非常匹配，同时也很适合周强家的装修风格。无奈之下，周强只得跟着销售员去到茶几和电视柜的销售区。最后原本只想在这里购买沙发的周强，却一次性将家中的家具全部买齐了。

在经济活动中，许多经济行为的背后都存在着一些经济原理。在上面的故事中，周强和女朋友显然遇到了一个深谙销售之道的销售员。原本只想在这里买沙发的周强，却一下子在这里将所有家具都配齐了。虽然从结果上对于周强来说并没有什么影响，因为毕竟这些家具在哪都得买。但对于销售员来说，却在周强身上获得了最大化的利益。

销售员正是通过引导消费，来让周强在自家的店铺中进行消费，从而保证了最终利益的获得。引导消费是厂商想方设法去引导消费，创造需求，从而将消费者潜在的需求转化为现实需求的一种行为。

其实这种引导消费的例子在我们的生活中比比皆是。当我们逛街时，会看到各种各样的商场免费体验活动，同时还有培训体验、美容体验等活动。商家之所以会投入资源去开展这些活动，其内在实质都是在引导消费者进行消费。

在现代的经济生活中，物质生产资料异常丰富，越来越多的商品出现在市场中。消费者在面对越来越多同类型的商品时，由于信息的不对称，消费者想要选择合适的商品成了一大难题。对于销售者来说，努力将自己的产品推荐到消费者的面前则成为一项经营活动中的重要工作。

　　科学技术的发展在增加了商品的技术含量的同时，也让消费者对于商品的了解程度越来越低。销售者必须利用各种手段来解决消费者在这一方面的信息的不对称，从而让商品的新特性更好地被消费者所了解。这也是销售者不断花费大量资金进行市场宣传的一个重要原因。

　　当然，最终这些工作所指向的就是"引导消费"，销售者通过各种各样的方式来吸引消费者的注意力，帮助消费者做出选择，在让消费者认可自身产品的基础上，一步步促成消费者的购买行为，最终实现产品销售的目的。

　　上面所提到的这些引导消费的行为，对于大多数消费者来说，都是能够轻松看破的。消费者之所以选择购买，也是因为消费者的确存在这样的消费需求，正如上面故事中的周强一样。但同时在我们的生活中，还有许多不容易被我们发现的销售者"引导消费"的行为。下面就为大家揭开 KTV 免费提供花生瓜子的秘密。

　　当我们去 KTV 消费时会发现，KTV 禁止自带酒水和饮料，而同时会免费赠送给我们一些瓜子和花生米，甚至有些地方的瓜子和花生

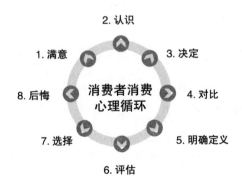

米还能够随时索要。在这里我们不仅要想：作为理性经济人的KTV经营者，为什么要免费向消费者提供这些本可以赚钱的东西呢？这些小吃即使收费也会有消费者选择购买的，为什么还要免费呢？

在另一方面，虽然KTV的花生和瓜子免费，但是酒水和饮料的价格却普遍偏高，就连普通的茶水也较贵。从成本的角度来讲，普通茶水的成本要比花生和瓜子便宜得多，为什么在定价上面却会出现反差呢？

其实上面两个问题都能用同一个答案来解释，如果我们仔细考虑茶水和花生在KTV中的作用便能很容易看破商家的"秘密"了。首先在KTV唱歌时，相比于花生和瓜子，茶水和啤酒饮料的需求量相对更高一些，这就决定了经营者在定价时会提高酒水饮料的价格。

为消费者免费提供花生和瓜子则主要也是为了引导消费者购买自己的酒水和饮料。花生和瓜子作为一种干果，在食用后会让人产生干渴感。而在KTV这样的环境中，唱歌同样会让消费者变得更加口干舌燥，这时如果结合干果的效果，消费者对于酒水饮料的需求就会大幅度增加。

通过花生和瓜子来带动KTV酒水和饮料的销售，然后通过更高价格的酒水和饮料来获取高额利润，从而弥补因为免费提供花生和瓜子为KTV带来的利益损失。在这个过程中，经营者所获得的利润要远远超过自己的损失。

另一方面，将普通的茶水和饮用水高价出售也是为了引导消费者购买酒水和饮料。相比于花生与酒水饮料的互补特性，茶水和酒水之间则完全是相排斥的，消费者一旦选择了茶水，就会减少对于酒水的需求量。而茶水中的利润要远远小于酒水饮料，所以经营者通过将茶水的价格提高，来减少消费者的需求，从而引导消费者去购买自认为更"划算"的酒水饮料进行消费。

　　这种隐藏性较强的"引导消费"行为并不容易被消费者所发现，很多消费者因为KTV花生和瓜子免费，会尽可能地选择多吃，这样消费者认为自己会获得利益。实际上，通过消费者购买酒水饮料，最终的利益还会回到经营者的手中，经营者仍然是最大利益的获得者。

　　不仅KTV中存在着这种现象，当我们在景区游玩时，会遇到有人提供免费拍照的服务，还会免费赠送一张小照片。实际上，在拍照时，拍照的人会故意选择大景进行拍摄，最后呈现的效果就是景物呈现得很完整，但相对于景物，被拍照的人只占据了照片的一角。所以在这种情况下，小照片根本无法看清被拍照人的面部表情。

　　在这时，拍照者将会为被拍照人提供一张更大的照片，但被拍照人需要缴纳一定的费用。当然这个选择完全是出于被拍照人的自由意愿，如果不想花钱，依然可以带着免费的小照片离开。但面对这种情况，大多数的被拍照人都会选择买下大照片，他们的共同心理是"拍都拍了，还在乎那几块钱"。的确，对于大多数人来说，几块钱获得一张精美的照片并不吃亏。但纵观整个事件，我们会发现，这就是经营者的一种"引导消费"的行为。

　　作为一个消费者，在面对经营者"引导消费"的行为时，不能单纯地追求自身利益的最大化，而是应该更多地透过这种现象，去发现其背后的本质，从而在经济活动中做出正确的决策。

第三章
投资经济学——你不理财，财不理你

股票投资：神秘的"股指"

　　小夏已经在股票市场中摸爬滚打了很长时间，从最初的懵懂无知，到现在的轻车熟路，整个过程中小夏付出了很多努力。虽然最初由于经验不足，使得自己在投资方面损失了不少钱，但随着投资技艺的日渐成熟，小夏开始慢慢赚回了自己的损失。

　　看到小夏在股票市场中赚到了钱，曾经对股票不屑一顾的小东也开始关注起股票来。但小东不像小夏那样肯从基础学起，总是想着寻找捷径来赚到大钱。虽然小夏多次劝告小东不要冒险，但小东依然一意孤行。

　　冒失的小东在股票市场中赔了不少钱之后，开始向儿时的玩伴小夏寻求帮助。对于股票投资，小夏也并没有什么独门秘籍可以传授给小东，但仔细想来确实有一个方法可以教给小东。

　　自从小夏教给小东这个方法之后，小东在股票投资上不仅很少再赔钱，同时还能发现一些优质的股票推荐给小夏。其实小夏并没有教给小东什么深奥的股票技巧，他只是让小东认识了股票市场中的晴雨表——指数。

股指就是股票价格指数，是用来描述股票市场总的价格水平变化的指标，作用是为股民们提供一个衡量股市价值变化的参考依据。股票投资具有一定的风险性，而对于大多数投资者来说，股票市场又是复杂多变的，所以股票指数作为股票投资的一个依据，对于股票投资者来说意义重大。

对于股票投资者来说，"大盘"是他们投资股票的关键。所有上市公司的股票都可以在"大盘"中找到，所以"大盘"的涨跌也意味着大多数股票投资者所投资股票的盈亏。股票指数正是一种科学地描述大盘走势的一种数字化体现。

借助股票指数，投资者不仅可以观察和分析股票市场的发展动态，同时还能够研究有关国家和地区的经济形势。通过对于股票指数的分析，投资者可以制订出相对合理的投资计划，从而更好地规避风险，获得更高的财富收益。

在全世界范围内，历史最为悠久的股票指数是道·琼斯股票指数，这一指数是由道·琼斯公司的创始人查理斯·道在1884年开始编制的。如今的道·琼斯股票指数已经分化为四个不同的分支，分别是工业股票价格平均指数、运输业股票价格平均指数、公共事业股票价格平均指数和平均价格综合指数。

现在比较广为人知的道·琼斯指数主要是第一种，在道·琼斯工业平均指数中包含了大多数这一行业中的顶尖公司，因此道·琼斯的工业股票价格平均指数往往被看作是道·琼斯股票指数的一个代表。

除道·琼斯股票指数之外，在美国股票市场中，标准·普尔股票价格指数也是一个具有影响力的股票指数。标准·普尔股票价格指数是由美国最大的证券研究机构标准·普尔公司所编制的。

相较于道·琼斯股票价格指数，标准·普尔混合指数更加注重对于股票长期走势的分析。从股票市场价格分析研究的角度来看，大多数证券专家会选择标准·普尔混合指数。从股票投资的实用性角度来考虑的话，大多数消费者则更加青睐道·琼斯股票价格指数。

中国的股票指数主要有上证股票指数和深圳综合股票指数。上证股票指数是由上海证券交易所编制的一种股票指数，所有在上海证券交易所挂牌上市的股票都将成为该股票指数的样本，新上市的股票往往在挂牌的第二天被纳入股票指数的计算范围中。

深圳综合股票指数是由深证证券交易所编制的股票指数，最初股票指数的计算方法与上证指数基本相同，选取样本也是所有在深证证券交易所挂牌上市的股票。但在 20 世纪末期，由于深圳证交所的股票交投远不如上海证交所活跃，所以深圳证券交易所已经将股票指数的编制方法改成了成分股指数。

在这里就出现了两种不同的股票指数分类方式。像上证指数是反映所有上海股票涨跌情况的指数，所以选取的也是全部在上海证交所上市的股票，这类股票指数叫作综合指数。而像深圳成指一样，只是选取了一些代表性的成分股的，则被称为成分指数。

股票指数与投资者进行股票投资的收益有着很大的关系。一般来说，股票指数的涨跌幅度就是这一投资组合的收益率。但实际上，在股票指数的计算中，并没有将股票的交易成本扣除，这就导致了股票投资者所获得的投资收益，最终将会小于股票指数的涨跌幅度。

对于一些新手投资者来说，股票指数是一个较为复杂的概念，很难简单地去理解。但是作为股票市场的"晴雨表"，股票指数对于股票投资者来说又具有重要的作用。学会认识股票指数是每一个股票投资者必须经历的阶段，只有通过了这一阶段，投资者才能够在纷繁复杂的股票市场中找准投资方向，从而获得更多的利益回报。

套利：如何低风险赚钱

　　王可最近发现了一个能够让自己轻松赚大钱的机会。今年当地种植苹果的农户非常多，所以这一年苹果的价格也非常低，甚至很多农户的苹果都卖不出去。王可家也种植了很多苹果，但与其他农户不同的是，王可不仅将自己家的苹果全卖了出去，还收购了大量别的农户家的苹果，最终也全部卖了出去。

　　王可并没有像其他人那样将自己的苹果价格压低，而是将自己的苹果卖到了其他省份，虽然需要花费不少运费，但整体来看，王可赚到了不少钱。在一次偶然去邻省办事途中，王可听说当地苹果的收成很不好，估计苹果的价格会上涨不少。正是这一点消息，让王可决定到邻省卖苹果，事实上，即使在往年，邻省的苹果价格也要比王可所在的省份贵很多。

　　正是依靠这种不断倒卖苹果的方式，王可逐渐积累起了自己的财富。下一步，王可准备扩大自己的运输队伍，去更多的地区售卖苹果，希望能够获得更多经济效益。

在金融市场中，从两个不同的市场中，以有利的价格同时买进并卖出，或者卖出或买进同一种或本质相同的证券的行为被称为套利。

上面王可在两地倒卖苹果的行为，我们也可以看作是一种套利。无论在金融市场，还是在我们的经济生活中，套利行为都普遍存在。

套利，简单来说就是一种在同一时间进行低买高卖，从而获得中间差价的行为。从原因上来看，套利行为的基本诱因是两个市场之间的差价超过了买进与卖出的交易费用，而从结果上来看，套利活动最终会使这些市场交易的相类似商品的价格保持在买进和卖出所确定的范围之内。

从上面王可的故事来看，首先因为他发现了两个不同地区之间，苹果的价格存在着一种价差，而且当王可在一个地区低价买进苹果，在另一个地区高价卖出之后，减去各种其他费用，王可依然能够获得利润收入。王可这种倒卖行为最终会使苹果的价格逐渐趋向于稳定，从而保持在其买进和卖出的范围中。

在金融市场中，这种套利现象发生得更为普遍，最为常见的例子便是外汇套利。外汇套利是指利用外汇汇率的波动来赚取买卖差价收益的一种行为。在早期的外汇交易市场中，主要以各国汇率之间由地域和时间性所造成的汇率差异来进行。

目前市场上所流行的主要套利交易，从本质上看属于一种套息交易。其主要是指利用外币币种之间储蓄利率的差别来赚取较高的利息收入，通过买入高利率的货币卖出低利率的货币，来赚取中间的隔夜利息。但这种套利行为在操作中还是有着一定的风险，所以并不适合大多数投资者。

市场中真正的外汇套利主要是由银行通过掉期的手法来进行。掉期是指在外汇市场上买进即期外汇的同时又卖出同种货币的远期外汇，或者是卖出即期外汇的同时又买进同种货币的远期外汇，这种手法将一笔即期和一笔远期的业务放在一起来做。一般而言，这种操作需求的专业知识和资金量都是较高的。

套利交易作为国际金融市场中的一种主要交易手段，在国际上绝大多数大型基金都采用这种方式来进行期货或者齐全市场的交易。在现阶段，套利交易的主要模式有四大类型，分别是股指期货套利、商品期货套利、统计和期权套利。

股指期货套利主要是利用股指期货市场存在的不合理价格，从而同时参与股指期货和股票现货市场的交易，来赚取差价的一种行为。或者是通过同时进行不同期限、不同类别股票指数的合约交易来赚取中间的差价。股指期货交易又可以分为期现套利、跨期套利、跨市套利和跨品种套利等不同类型。

商品期货套利是指在买入或卖出某种期货合约的同时，再卖出或买入相关的另一种合约，然后在某个时间将这两种合约进行平仓。商品期货套利也可以分为期现套利、跨期套利、跨市套利和跨品种套利这四种类型。

其中，跨期交易是一种作为普遍的套利交易，主要利用同一商品在不同交割月份之间正常价格差距出现异常变化时进行对冲来获得利益。在跨期套利中，存在着牛市套利和熊市套利两种不同的形式。

跨市交易则是一种在不同的交易所之间进行的套利行为。在不同的交易所进行套利交易，主要是因为区域间的地理差别，以及各商品合约之间存在一定的价差关系。在我国刚刚开始发行国库券时，就有人通过在不同的城市倒卖国库券而获得大量的收益。

跨品种交易则需要在不同的商品之间进行。当股票市场表现低迷时，将股票卖出同时买入其他投资产品，而当股票表现好转时，再卖掉其他投资产品，从而通过不同投资产品之间的买进和卖出来获得中间的利润收益。

统计套利是利用证券价格的历史统计规律来进行套利的一种行为。相对于无风险套利，统计套利是一种风险套利，因为证券价格的历史统计规律并不一定适用于未来一段时间，所以在进行选择时，需要投资者具备更多的投资知识才行。

期权是在金融领域将权利和义务进行定价，从而使权力的受让人在一定的时间内可以行使是否进行交易的权利，而作为承担义务的一方，则必须履行相应的义务。相对于前面的套利行为，利用期权来进行套利交易，在风险上面将会更小，而在收益率方面则可能会更高。

套利交易之所以会存在，并在金融市场中被广泛应用，主要是因为其交易的风险比较低。但市场价格剧烈波动时，套利交易可以为投资者提供一种保护，从而减少投资损失。但相对来说，套利的盈利能力也要比其他交易方式要小一些，毕竟在经济学上，风险和收益往往呈正比例关系。

套利交易作为一种低风险的投资行为，被广泛应用于金融投资中。但作为一个投资新手，在进行套利交易时，首先需要进行仔细的分析。风险小并不意味着没有风险，无论进行任何投资，都需要首先将风险考虑进来。对于投资者来说，即使在投资中赚不到钱，也要保证自己的投资不亏钱，这时就需要对风险进行更好的把控。同时在进行套利交易时，详细了解投资相关知识和市场经济形势也是十分重要的。

经济周期：一夜之间就经济危机了

小青是一个北方姑娘，但在高考之后，她报考了广州的一所大学，希望自己将来能够留在南方发展。小青在大学期间结交了一个男朋友小凯，小凯是广州人，家中经营塑料衍生品生意。毕业之后，小青和小凯一同进入了小凯家的公司工作。

两个人工作十分努力，在短短的几年时间中便积累起自己的第一笔财富。二人在广州举行了盛大的婚礼。婚礼之后，小凯决定从家族公司出来单干，小青也十分支持他的想法，而且当时市场形势很稳定，小凯手下的生意也做得越来越大。

但令人没有想到的是，当小凯和小青的新公司一切准备就绪之后，市场的形势却发生了微妙的变化。由于市场前景很好，一时间很多人涌入其中，原本狭小的市场在短时间呈现出了虚假的繁荣景象，而这一时期也正好是小凯家的生意不断上升的时候，这也让小凯和小青错误地认为这个行业拥有广阔的前景。

随着时间的推移，小凯的新公司越来越难以经营。对于当时的小凯和小青来说，是止损退出，还是拼死一搏，成为他们必须要面对的选择。经过仔细的考虑之后，小凯决定坚持做下去。但在下半年，市场的形势依然没有好转，还没等到新年的到来，小凯的公司便因为资金问题而倒闭。小凯和小青的第一次创业也正式宣告失败。

很多时候，大多数人在进行创业或是投资时，首先关注的往往是自身周边的"环境"。比如说当一个人投资股票时，他会首先关注股票的大盘走势。当然这并没有错，但很多时候这种行为往往是有局限性的。因为他们往往忽略了自身所处的"大环境"，也就是整个市场经济的"大环境"。在整个经济大环境中，有一个重要的经济学概念需要得到重视，那就是经济周期。

经济周期也被称为商业周期或是景气循环，其所指的是经济活动沿着经济发展的总体趋势所经历的有规律的扩张和收缩。经济周期就是经济的一种周期性波动，当经济活动中资源供给和消费受到约束时，经济便会出现紧缩现象。当资源供给充裕，消费需求旺盛之后，经济便会重新开始扩张。这种现象以一种周而复始、不断循环的方式出现，这便是经济周期的具体表现形式。

当我们在描述波动时，会使用上升或是下降这样的词汇。在经济周期中，也可以分为上升和下降两个不同的阶段，其中上升阶段被称为繁荣，最高点被称为顶峰，在经过顶峰之后，经济由盛转衰开始下降。下降阶段也被称为衰退，当衰退达到最低点时则被称为谷底，而谷底又是经济由衰转盛的转折点。在此之后，经济又将会进入到一个上升的阶段中。

从上面的叙述中，我们可以发现，经济周期除了可以表述为上升和下降两个阶段外，还可以分为四个不同的阶段：繁荣、衰退、萧条、复苏。

其中经济衰退指的是经济出现停滞或是负增长的一段时期，而在具体的定义方面，虽然宏观经济学中认为在一年中，一个国家的国内生产总值增长连续两个或两个以上季度出现下跌，则表示这个国家出现了经济衰退的现象。但这一定义并没有被世界各国所广泛接受，不同的国家对于经济衰退有着不同的定义。

虽然各个国家对于经济衰退的定义不同，但在经济衰退过程中，各个国家所表现出的普遍特征却是相同的。在经济衰退中，消费者的需求和投资将会不断下降，而随着劳动需求和产出的下降，企业的利润也将出现明显下滑，随之而来的就是企业股票价格下降。

相比于经济衰退，经济萧条无论从影响规模，还是从持续时间上看都更为严重。在经济萧条中，生产过剩和消费需求不足将会呈现更为极端的表现，销售量下降，则将会进一步影响企业的盈利水平。伴随企业盈利能力的不断下降，企业将会陷入破产倒闭的境地，随之而来的则是严重的失业率，最终将会影响社会的稳定与发展。

在前面的故事中，小青和小凯在小凯家公司工作期间正好是行业的上升时期，这一时期不仅市场上的同类竞争者较少，整体的市场需求也相对旺盛。所以在几年的时间中，小凯和小青积累起了自己的第一笔财富。但当二人决定自己成立公司单干时，当时的经济形势已经发生变化，整个行业的形势也发生了很大的变化。

当看到一个行业处于上升期时，许多人都会涌入其中，市场上的经营者不断增多，竞争也会变得更加激烈。当经营者的数量达到一定的数值之后，生产也将远高于需求，当需求减少，生产不断过剩，这一行业就要开始走下坡路了。小凯和小青正是在这样的时间选择成立自己的公司，与他们有着同样想法的人当然不在少数。

随着行业衰退期的到来，小凯和小青的公司在经营上开始不断出现问题，生产出来的商品没有办法卖出去，就会造成一系列的连锁反应。企业的运营成本不断上升，不断挤压着企业的利润空间，甚至到最后，企业开始出现亏损。面对着激烈的市场竞争，企业最终只能走向破产。

当然在经济衰退期，每一个企业都会经历艰难的发展时期，但在这一阶段中，市场竞争依然存在。每一家企业都需要争取那不断降低的需求量，伴随着需求量逐渐减少，能够幸存下来的企业也将会越来越少。

在现阶段的经济学理论中，经济周期有着几种不同的类型，这些类型的经济周期主要以不同的时间长度来进行区分。

基钦周期是一种短周期，由英国的经济学家约瑟夫·基钦提出。

他认为经济周期分为主要周期和次要周期两种，主要周期是中周期，而次要周期是3—4年1次的短周期。

朱格拉周期是一种中周期，由法国经济学家克里门特·朱格拉提出，时间长短为9—10年，主要以国民收入、失业率和大多数经济部门生产、利润和价格的波动为标志。

康德拉季耶夫周期是一种长周期，由俄国经济学家尼古拉·康德拉季耶夫提出，时间长短为50—60年。在这一周期理论中，从18世纪末开始，整个世界一共经历了3次长周期。

虽然在现阶段，经济学家对于经济周期已经有了很深入的研究，但经济周期却并不像其他的固定周期那样能够轻易被大众所发现。人们对于经济周期的认识大多处于经济周期发生之后的研究，而很少有在经济周期发生之前便能够进行准确预测的。这主要是因为影响人类经济发展的因素是多种多样的。

正是因为影响经济发展的因素多种多样，所以出现经济波动的原因也是多种多样的。人们并没有办法准确预测经济衰退出现的时间，更没有办法从根本上去消灭经济衰退，想要保证长时间的经济快速增长也是不容易的。

其实从前面的故事中我们可以发现，经济的波动虽然会对社会经济造成一定的破坏，同时影响企业利润的增长，导致经济增长速度下降。但从另一方面，经济波动也将会对整个市场中的企业进行一次"优胜劣汰"式的洗礼，从而推动企业进行技术创新和管理创新，不断提高全社会的科学技术水平，提高整个社会的生产效率。在这一方面来看，经济周期的循环也有着一定的积极意义。

无论是企业还是个人，都应该对于经济周期有着一个清晰的认识，虽然没有办法准确预测其到来的时间以及持续的长短，但通过了解经济周期中经济波动的原因，从而合理地规划自身的经济活动，减少经济波动对于自身或企业的负面影响。同时在经济周期中，不断注重自身的改良和完善，从而保证自身或企业能够顺利度过经济的衰退期，最终迎来新的发展机遇。

政府部门也应该制定灵活的经济政策，应对经济周期对于经济活动带来的负面影响，从而推动市场经济的发展，保证社会的安全和稳定。

复利：让你的财富成为滚雪球

"不是跟你说过不要每年都把利息取出来嘛。"小丁对着妈妈发着牢骚。

"不取出来，放在里面做什么呀，存钱不就是为了取利息吗？"妈妈也大声回应。

这样的对话在小丁和妈妈之间已经有过很多次了。小丁正在一所重点大学上大一，学习的是经济管理专业。小丁家的钱都交给妈妈打理，父亲只负责挣钱，而现阶段的小丁在妈妈眼中则只会负责花钱，所以每一次小丁和妈妈谈存钱的问题，小丁妈妈总是会用这句话把小丁顶得哑口无言。

小丁妈妈存钱有个习惯，就是无论存多少钱，每年都要将利息取出来，她认为这样才算是自己赚到了钱，也只有这样才能感觉得到存钱的价值。但在小丁看来，家中又不缺少钱，这些利息完全可以继续投资，从而不断获利，根本没有必要取出来。母子二人经常会围绕这一问题发生争论。但通常情况下，"只负责花钱"的小丁往往会落于下风。

在大一的寒假里，小丁联合爸爸从妈妈的手中"抢夺"到了50 000元的存款，小丁准备用这50 000元向妈妈"宣战"。一家三口达成了一个协议，小丁这50 000元由爸爸保管，存在银行3年，在小丁毕业之后再取出来。妈妈另外拿出50 000元，同样存在银行3年，妈妈依然和以前一样把每年的利息都取出来。最后小丁在毕业之后将钱全部取出，双方计算3年来的总收益。

3年后，小丁毕业了，他和妈妈一起到银行去取钱，妈妈惊讶地发现小丁50 000元所获得的总利息，要远高于自己50 000元所获得的总利息。小丁在妈妈面前表现出了胜利者的姿态，而当妈妈询问小丁获得高利息的秘密时，小丁神秘地向妈妈提起了复利这个概念。这一次，小丁妈妈听得非常认真。

在我们的日常生活中，很多人在进行银行储蓄时，都会有一种类似于上面故事中小丁妈妈的理念。"存钱就是为了取利息"这种想法虽然没有问题，但从投资的角度来讲，却是一个并不准确的观点。投资是为了让自己的财富增值，而最大限度地获得投资收益是每一个投资者都在不断追求的事。在这里，每年定期取出利息就是一件并不明智的事情了。

我们所提的是上面故事中的情况，小丁的家中并不急需用钱，而小丁的妈妈则每次都将自己的存钱利息取出来。这在无形中，小丁的妈妈便损失掉了一笔不小的投资收益，而这笔投资收益如果不断反复地进行投资的话，将会获得更多的投资收益。在这之中，所涉及的一个经济学概念就是复利原理。

很多人认为"股神"巴菲特拥有出众的投资智慧，所以能快速地积累起了自己的财富。但实际上，合理运用复利原理则是巴菲特成功的一个重要因素。

复利原理是指在每经过一个计息期之后，都要将所生利息加入本金，用来计算下期利息的一种行为，这样在每一个计息期中，上一个计息期的利息就会变成下一个计息期的本金，从而达到"利生利，利滚利"的效果。

简单来说，复利就是在进行投资获得回报之后，不将收益取出，而是继续连本带利进行新一轮的投资。在我们进行银行储蓄时，如果年初投资 10 000 元，在年底之后获得了 250 元的利息收入。如果我们继续将这 1 万元的本金和 250 元的利息一同存入银行，那么第二年我们的本金就会是 10 250 元。循环往复下去，如果收益率固定不变，那么我们投资的时间越长，最终获得的收益也就越高。

很多人将复利投资比喻成滚雪球，虽然在最初只有一个小小的雪球，但随着时间的增长，雪球会越来越大，复利投资的收益也将会变得越来越大。

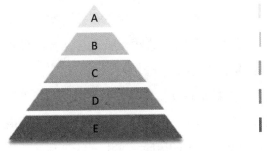

A	衍生产品
B	信托
C	股票、基金
D	债券、债券基金、定期定额投资
E	银行存款、保障性保险产品

投资产品

　　经常在银行进行定期储蓄投资的人可能会发现，在我们填写储蓄存单的时候会有几个不同的选项。有整存整取、零存整取、存本取息等不同的存款类型供我们选择。在上面故事中，小丁的妈妈所采用的便是存本取息。在定期储蓄中，当我们的定期存款到期之后，还可以选择定期自动转存业务。

　　定期自动转存是当客户的存款到期之后，如果客户不前往银行办理转存手续，那么银行可以自动将到期的存款本息按照相同存期进行转存，续存期的利息按照前期到期日的利率进行计算。这种方式是一种简单的获取复利的方式，但相比于其他投资方式，银行储蓄所获得的复利收益相对较小。

　　对于选择股票或者基金的投资者来说，虽然从收益上会比银行储蓄要多，但同时也需要承担更大的风险。在选择股票或者基金进行复利投资时，回报率是一个很难去把握的问题。银行储蓄的利率相对稳定，即使变化也不会出现太大的上下浮动。但股票和基金的回报率则可能在一定时期内很高，也可能在一定时期内很低，甚至亏损。所以在以股票和基金进行复利投资时，回报率是一个需要优先考虑的问题。

　　计算复利有一个非常简单的公式：本金和＝本金 × （1+ 利率）的 n 次方。在这个公式中，利率就是投资的回报率，而 n 则代表投资的期数。从公式中我们可以看出，除本金之外，利率和投资期数是影响最后收益的两个重要因素。上面提到银行储蓄和股票与基金的投资中，利率问题是一个需要主要考虑的问题。

　　想要获得稳定的复利收入，选择银行储蓄较好。如果想要获得更高的复利收入，那么可以尝试进行股票和基金的投资，当然这也意味着由于回报率的不稳定，投资者需要承担更大的风险。在上面的复利计算公式中，投资期数也是一个影响复利收入的重要因素。

在复利投资中，投资期数对于最后的收益有着重要的影响。举个例子，同样是使用 10 000 元进行投资，如果这项投资的回报率是 30%，投资 10 年之后我们所获得的最终收益大概是 137 858 元。那么如果投资 20 年呢，最终的收益将会是 1 900 496 元。从复利的计算公式中我们可以发现，投资期数对于投资的最终收益影响非常大。

从上面的例子中我们可以看出，长期持有优势企业的股票，将会为投资者带来巨大的财富。这也正是巴菲特能够快速积累财富的原因所在。在巴菲特的投资策略中，长期持有优势企业的股票是十分重要的一点。随着优势企业的不断发展，股票的价格也将会出现上涨，这样投资者所获得的收益便可以不断累积起来。

当然选择复利投资的投资者也不能忽略本金对于最终收益的影响，在复利投资中本金越多，复利的收益增长也会越大。所以无论是本金，还是利率或投资期数，都将会影响最终的收益。

想要获得最大化的收益，就需要有充足的本金，足够的投资期数和稳定可靠的投资渠道才行。当然我们不能仅仅从公式上去判断最终的收益，每一项投资都是有风险的，收益越大，往往风险也会越大，所以无论面对何种投资，投资者都需要拥有一个清醒的头脑才行。

消费者信心：比黄金和货币更重要的东西

小牧是一家杂志社的编辑，虽然每天的工作很忙，但小牧依然每天晚上都抽出时间去中心商业街转上一转。小牧每一次逛街都会买很多东西，虽然这些东西并非生活必需品，但对于小牧来说，逛街购物已经成了一种休闲放松的习惯。

刚毕业的时候，小牧是一个十分节俭的女孩，每个月都会从工资中节省一部分钱。那时候的小牧虽然也喜欢逛街，但并不像现在这样随心所欲。小牧之所以会发生这样的变化，一个重要原因在于小牧的工资收入水平和以前相比翻了一番。

小牧所在的杂志社成功地完成了互联网转型，不仅业务没有受到互联网的冲击，反而借助互联网平台扩大了自身的影响。杂志社效益提高了，小牧的工资水平也上涨了不少。但真正让小牧收入翻番的原因，是小牧利用互联网平台发表自己的原创文章。小牧的文章不仅受到了相当高的关注，同时让小牧每个月都可以赚到不少钱。

正是由于自己收入的上涨，小牧才开始舍得为自己花钱。虽然每个月用在购物上面的钱并不少，但小牧依然保持着每月定期存钱的习惯，同时收入增加之后，小牧每月还会为父母定期寄去一笔钱。

不仅是小牧一个人，小牧的许多同事也都如此，收入增加之后，消费水平也不断提高，相比之前的没钱或者不敢花钱，现在大多数人已经到了既能存钱又能花钱的阶段。

现在，在我们的社会生活中，可能很多人都达不到像小牧那样的收入水准，所以在消费方面可能也达不到像小牧这样的程度。其实在我们的消费过程中，有一个因素始终在发挥着作用，但更多时候，我们感受不到它的存在。在心理学上，这种因素被称为消费者信心，在经济学上，则用消费者信心指数这一概念来表示。

消费者信心是消费者的一种主观心理状态。在心理学中，消费者

　　信心可以解释为消费者在一定的经济环境下对影响其经济行为的各种因素的态度体验和行为反应。这种态度和行为反应主要可以分为两种截然不同的情况。

　　当现实的经济环境符合消费者的愿望或者消费者对未来的收入增加持一种乐观的预期时，他就会表现出一种心情愉快、情绪乐观向上的状态，这时他的消费动机也会增强。当消费者对于现实经济环境不满意时，就会感到心情沮丧、情绪低落，如果这时他对自己未来的收入预期很差时，他的消费动机将会减弱，从而将手中的资金用于储蓄而不是消费。

　　从经济学的角度看，这种消费者的情绪恰恰是影响消费者消费行为背后的一种心理因素。我们知道，一个人的消费水平与其收入水平有着重要的关系，但决定消费者消费行为的却并不仅仅是其收入水平，在这里，消费者的消费动机和消费态度对于消费者的消费支出有着重要的影响作用。

　　消费者对于未来自身的收入预期是决定其经济行为的一个重要因素，当一个消费者拥有乐观积极的态度和良好的收入预期时，其消费计划便是积极的。反之，消费者将会在消费方面陷入消极的状态中。

不仅一个消费者如此，每一个消费者都是一样，所以消费者信心对于整个宏观经济都将会产生重要的影响。在 2008 年全球的经济危机中，温家宝总理曾说："在经济困难面前，信心比黄金和货币重要。"这也正说明了消费者信心对于一个国家，乃至整个世界的经济发展有着至关重要的作用。

从中国当前的经济形势来看，虽然还存在着一些问题，但自金融危机以来，中国经济始终保持着快速发展的势头，这也让大多数消费者对于中国经济充满了信心，而正是这种信心，反过来促进了中国经济的继续腾飞。

20 世纪 40 年代，美国密歇根大学的调查研究中心首先编制了消费者信心指数。从 1997 年 12 月开始，中国国家统计局经济景气检测中心也开始编制中国的消费者信心指数。

作为反映消费者信心强弱的指标，消费者信心指数可以综合反映并量化消费者对于当前经济形势评价和对经济前景、收入水平、收入预期以及消费者心理状态的主观感受，同时也是预测经济走势和消费趋向的一个先行指标。

第 三 篇

从经济中看清
国家大势

第一章
中国经济是如何腾飞的

外向经济：我们不能拽头发把自己拽起来

　　波音公司是全球最大的航空航天制造公司，总部位于美国伊利诺伊州芝加哥市。波音公司在商用飞机、军用飞机、导弹以及空间飞行器等领域，都位于全球主导地位。虽然波音公司的主要业务都在美国完成，但其合作伙伴和供应商却遍布全球许多国家和地区。

　　波音公司对设计和工程创新能力的要求都很高，所以这几十年来，它一直是美国出口的重要产业。波音公司的大型民用飞机供应链由数千家公司构成，这数千家公司位于世界大部分国家与地区。

　　从地理分布看，该飞机供应链高度集中在美国、德国、法国、英国、意大利、西班牙、加拿大、日本、中国、韩国等国家。尽管西方国家在过去几十年间，在飞机制造领域一直占主导地位，但这种优势正逐渐被巴西、中国等国家威胁。

据悉，波音787梦想飞机的零部件和子系统全部依靠世界链条，其主要部件供应公司包括澳大利亚、加拿大、中国、意大利和日本。按其价值计算，波音787梦想飞机九成以上的设计和子系统都依靠外购，进口比重提升了70%。

随着经济全球化时代的到来，国际分工也变得越来越明显。各种资源在世界各地穿梭，给各国带来了新的发展机遇，也实现了资源更优化的配置。

要知道，我们绝不可能"靠自己拽自己的头发"来蓬勃发展。所以，我国建立了很多位于交通便利的、用栅栏隔离的、置于海关管辖之外的特殊经济区，名叫自由贸易区。在自由贸易区内，我国允许外国船舶自由进出，对于外国货物免税进口，并且取消对进口货物的配额管制。

2013年，我国在上海设立了自由贸易试验区，这一经济政策不仅促进了上海本地的经济发展，也为长江三角洲地区的经济发展带来了辐射效应。之后，我国先后在广东、天津等地增设了自由贸易试验区。

建立自由贸易试验区，不仅对我国面向发展全球竞争带来优势和经验，而且拓展了我国经济增长新空间，为中国经济进行全面升级，也为进一步深化改革开放打下了坚实的基础，从而更好地实现全国经济发展。

从以上分析中可以看出，以自由贸易试验区为主导的外向型经济，对我国经济全面发展具有一定的拉动作用。我国在经济发展方面积极引入外资，利用国内、国外两种资源，全面发展进出口加工贸易，充分发挥国内外两个市场的巨大潜能。

正确实施对外发展战略，实施外向经济，是中国响应世界经济一体化号召的证明。外向经济能让我国快速吸引国外资本，并且迅速发展国内外两个市场，实现以提高国际经济贸易竞争力为目的的经济战略措施。

我国政府紧跟时代要求，大力发展外向型经济建设，给国内各大企业与各大中小型公司参与国内外经济贸易合作提供了透明、自由、稳定的良好平台，从而促使我国的双边经济合作与区域经济合作不断增强，并且对推动我国经济起到极其重要的作用。

目前，我国正处在由传统的出口导向型经济向外向型经济转型的特殊时期，要想快速发展我国经济，取得瞩目的成就，就要做到以下四点。

首先，充分发挥外向型经济的自身特点：与时俱进，不断创新。从天津自由贸易试验区方面来说，应该一边学习上海自贸区成功的经验，然后结合自身特点，尤其是作为国际性中转港口物流中心的特点，全面发展外向型经济。

先进性

01 外向型经济，是一种向外拓展式的开放型经济，以竞争性的国际市场为舞台。国际市场的巨大压力，加强了技术进步和效率提高的动力，促使各国经济向更高层次发展。

合理性

02 外向型经济可以超出国界，在更大的范围内进行资源的合理配置，使企业实现最优规模效益。

外向型经济

风险性

03 由于对国际市场的高度依赖，国际市场的变化注定外向型经济的兴衰，受世界经济环境的制约较大，往往容易受国际市场波动的影响和国际垄断资本的控制，具有一定的风险。

　　其次，加大开放力度，引进外资，留住人才。政府应当遵循公平公正原则，让企业间形成良性竞争。大力发展国内外两个市场，促进进出口贸易。此外，我国劳动力众多，但优秀的高层管理者还是欠缺的。企业在考核人才时，应当遵循公平公开公正的原则，建立合理的员工绩效机制。

　　再次，发展自身特色产业，优化企业结构。比如在产品的种类、质量及效率方面，改造传统产业技术和水平；快速发展高新技术行业，在产品中增加高技术含量的比例，生产附加值高的产品。此外，对于我国传统产业的危机性，必须要有一个清醒的认知。

　　最后，从劳动密集型向技术密集型经济进发，遵循产业发展规律。事物在发展过程中都要遵循自身规律，只有这样才能做到可持续发展。由劳动密集型转型到技术密集型，这是产业发展的一般规律，也是我国实现工业化的必经之路。

　　就我国而言，我国当前主要生产劳动力密集型的低级产品，所以，我国在国际市场上的竞争力只有廉价的劳动力。随着生产规模的不断扩大，我国自身生产也会不断增加对劳动力的需求，最终导致劳动力市场供不应求，劳动力价格飙升，然后丧失廉价劳动力的竞争力。

　　闭关锁国对经济带来的影响可谓极其恶劣，当时尚且如此，何况是飞速发展的今天呢？外向经济不仅能让我国经济飞速发展，还能促进社会和个人的财富累积，可谓一举多得。

　　国际化是当前时代的大趋势，我们不可能凭借独善其身就能蓬勃发展。面对国际经济的机遇和挑战，你准备好了吗？

改革：国企与发展是伪命题

时代不断变化发展，现如今，有不少人都习惯在网上购物。在网上购物，物流公司就成了与广大老百姓接触最多的企业。然而，小刘却遇到一桩糟心事。

天气转冷，他在网上购买了一床蚕丝被，卖家发的是国企物流公司的小包裹。小刘等了半个月还没有人叫他取快递，天气越来越冷，小刘的火气越来越大，终于忍不住去了物流公司。

该公司的员工先送了小刘一个大大的白眼儿，然后不耐烦地叫他自己去库房找。小刘忍气吞声地走到库房，一眼就看见了压在无数包裹下的被子。他抱着被子准备走，该员工却叫住了他："交20元！"小刘气愤地问："凭什么？"

该员工说，这是快递保管费。小刘解释道，根本没人告诉他有快递到了，他没要求该国企物流赔偿就不错了，为什么还要掏钱？该员工坚持要20元，不然就不许小刘拿走包裹。

"你凭什么这么横？"小刘生气地问。该员工不耐烦地说："凭什么？就凭我是国企！"

后来小刘也想明白了，为什么一些民营快递服务态度这么好。因为他们怕得罪人，他们是只送快递的，如果被投诉，公司就有可面临倒闭的危险。而该国企物流则不同，他们有国家政府的支持，包裹对于他们来说只是副业，他们涉猎报纸、挂号信、银企对账单等，就算不搞包裹，他们也能活得很好，这就是他们不思进取的原因。

1978-1980 年　1981-1982 年　1983-1986 年　1987-1991 年　1992 年后

第一阶段	第二阶段	第三阶段	第四阶段	第五阶段
主要内容是扩权、减税、让利。	主要内容是试运行经济责任制。	主要内容是利改税。	主要内容是完善企业的经营机制。	以建立现代企业制度为目标的改革。

　　我国在 1978 年 12 月 18 日召开了三中全会，国企改革是三中全会的重点领域，也包含了广大人民群众对国企改革的热切期待。

　　20 世纪 90 年代，中小型国有企业正式开始私有化改革。在 1993 年的十四届三中全会上，邓小平同志提出了"一般小型国有企业可以出售给集体或个人"。此后，国有企业在一般性行业开始了大幅度退出，而国有经济的重点也向投资规模巨大的基础设施、基础原材料、能源开发等关键行业转移。

　　大家都知道，国有中型企业和小型企业在大体上处于亏损状态，不但不能盈利，反而要靠政府扶持。只有一些大型国企能够盈利，充分显示其作为国有大型企业在我国中流砥柱的作用。当然，我国国有大企业与国外大企业相比，还是存在不小差距的。

　　一是国有大型企业数量少，二是大部分国企规模较小，三是生产集中性低，四是联合集团少，五是国企没有合理的分工。

　　单从技术创新讲，国内排名前 500 的大型工业的年销售额加在一块儿，还不如美国通用汽车公司一家的销售额高。

　　因此，我国政府积极思变，将改革放在国企之中，将国企放在市场经济之内，推进国有企业的现代企业制度的建立，逐渐将国企引入市场。多数大中型企业把核心资产剥离出来，重组后上市。

　　例如 1999 年 10 月，中国石油集团将其采油、冶炼、化工、零售等核心资产剥离出来，重新改组成中国石油天然气股份有限公司，在香港和纽约上市。这个阶段形成了多种经济成分相互共存发展的格局。

从中国国企的改革历程看，所有发展混合所有制的经济都是大势所趋，民企所积累的资本将在国企改革中发挥重要作用。从各国国企的改革历程看，大家都遵循着引入非国企、增加竞争、提高企业活力的模式。

比如20世纪70年代后，英国的国有企业出现了大规模的亏损，政府负担严重，垄断引发的低效率让民众大感不满，其产业升级转型压力也较大。对此，英国政府采取"发行股票"和"资产出售"两种方式，另外还通过特别股权来保障国家对关键企业的控制权。

再比如，20世纪80年代的法国是所有发达国家中，国有化程度最高的国家。法国的国企几乎垄断了所有煤炭、电力、铁路和航空产业。但是随着新兴产业的兴起，传统产业亏损日益严重，法国的国企面临着经营困难的问题。

法国政府的改革方案是通过公司化改革，让经营效益好的公司上市。政府与国有企业实行合同制。这样既活跃了市场，又促进了竞争。

德国的国有企业也存在着效率低下、管理落后等问题。德国政府先从制造业和原材料行业入手改革。采取"股权转让"和"直接出售"两种产权改制模式，主要包括出售、减持、退出等方式引入竞争机制，打破垄断，但其国企改革的改制相对缓慢。

现今，中国进入了新一轮改革期，经济社会发展也对新一轮改革提出了更高的要求。2013年年初，全国国有资产监督管理工作会议为国企改革指出了方向。其中，深化多元投资主体股份制改革，支持非公有制经济参与国企改革成为此次改革目标的重中之重。

国务院常务会议提出"尽快在金融、石油、电力、铁路、电信、资源开发、公用事业等领域向民间资本推出一批符合产业导向、有利于转型升级的项目，形成示范带动效应，并在推进结构改革中发展混合所有制经济。"

李克强总理在英国《金融时报》上指出："我们已经并将进一步通过简政放权，推进结构改革，发展混合所有制经济。"

自从 2008 年金融危机以来，大量的资金流入了国有企业，这让国有企业的杠杆率不断攀升，而民企和其他非国企的杠杆则持续紧缩，这种资源错配也降低了经济运行效率。

社会资本是追求利润的，如果国家引导社会资本，就需要让出一部分利益。中国国有企业分布很广，涉及领域很多，改革势必会遭到既得利益集团的反对，如何推进改革主要考验本届政府的决心。

国企改革势必牵动多方的利益，所以国企改革的阻力会很大。随着中国经济增长的放缓，国企改革将是一个无法回避的问题。

腾飞：制造业为什么是火车头

英国三岛孤悬海外，在很长一段历史时期内，英国在政治、经济、文化上都处于落后地位——当时，英国的贵族们都以"会说几句法语"来显示自己的优雅与高贵。那时候，英语在欧洲大陆被视为"乡巴佬语"。正是工业革命的到来，给这个落后的小国一个"咸鱼大翻身"的机遇。

1784 年，英国建立了世界上第一座蒸汽纺纱厂。之后，蒸汽机又被用于工业、铁路、蒸汽船运等领域。到 1825 年，英国从矿山到工厂，从陆地到海洋，到处是机器运转的轰鸣声，到处能看见机器在飞驰……

清王朝的国门就是英国人打开的，用战争的方式敲醒了天朝上国的美梦。我们不仅看到了英国人的坚船利炮，更看到了支持坚船利炮的工业基础。这些制造业带来的保障，正是19世纪英国人打遍世界无敌手的依据，也是英国成为"日不落"帝国的基石。

无"农"不稳、无"工"不强、无"商"不富。由于农业的产出有限，而且受自然制约较大，所以在这三个产业中，真正具有强大功能的"造血产业"是工业，工业对经济的持续发展和社会稳定有着非同寻常的意义。

从上文不难看出，英国正是凭借制造业"咸鱼大翻身"。而德国的工业化比英国晚了长达50年。1830年，德国的工业占比不足3%，依旧处在农业国，加上德意志处在四分五裂的状态，这使德意志人成为欧洲的下等公民。

德国著名的浪漫主义诗人海涅感慨道："陆地属于法国人和俄国人，海洋属于英国人，只有在梦里，德意志人的威力才是不可比拟的。"

但是德意志国家抓住了第二次工业革命的机会，这让德国的钢铁制造业蓬勃发展，诸如鲁尔工业区、萨尔工业区等工业重镇拔地而起。至此，德国制造业一举超越法国，占了世界制造业总产值的一成还多，这也为1871年普法战争中普鲁士的胜利奠定了物质基础。

再看19世纪的美国，起初，它只是一个落后的农业国。北方是以食品加工业和纺织业为主的制造业，出产木材、矿产等原料；而南方则是种植园经济，农场主买进大量黑奴，种植棉花、茶叶和粮食。

在南北战争爆发后，美国和德国一样，抓住了第二次工业革命的机遇，加上美国广袤的国土，丰富的资源和庞大多样的人口，这样得天独厚的环境促使美国的制造业得到了疯狂发展。

1868—1880年，美国的钢铁产量每年增长40%左右，到一战前夕，美国的工业产量达到世界首位，占到世界工业总产量的30%还多，而钢、煤、石油和粮食产量都位于世界前列。

到二战前夕，美国的制造业已经相当发达，其产量占世界制造业总产量的38.7%。这也直接导致了美国在二战期间，每两个月就能造出一艘舰队航母，每年能造出4万架飞机和2万台坦克。

一战前夕，俄国的制造业产量占世界工业总产量的8.2%，虽然看起来实力很强，但在其制造业产值中，有很大一部分都是来自国外投资的轻工业，真正属于俄国本土的重工业只占五分之一，也正因如此，俄国被称为"泥足巨人"。

由此可见，没有强大扎实的制造业做基础，就没有国际地位；没有强大扎实的制造业做基础，就没有经济的持续繁荣。

现今，西方国家也面临着不小的挑战，因为他们陷入了"去工业化"的泥潭中。一些原本强大的国家变得经济衰弱，甚至引发了社会不稳定，究其原因，都是其失去了强大的制造业做支撑的缘故。

如果国人在某些伪经济学家的忽悠下，盲目地去搞"去工业化"，一味发展金融服务业，结果必然是自废武功、自断经脉——比如当年的南非。

南非的工业不可谓不强，不仅有能力发展核工业，还有生产号角mk2坦克、蜜獾战车、石茶隼、G5等先进装备的能力。但在曼德拉上台后，南非一味模仿西方的价值观，搞一些"去工业化"，大力发展金融行业，使得南非从发达国家沦落成发展中国家。

有些人可能会问，制造业凭什么这么重要？举个例子你就明白了。

如果一个人想要拿到一份工资，那他就必须去工作，不然凭什么让他拿到工资？他既然能拿到工资，就说明他能提供有竞争力的劳动，比如生产或服务。对于一个国家也是如此，因为国家的财富，正是取决于这个国家能提供的有竞争力的产品和服务的总和。

美国教授瓦科拉夫·斯米尔曾在其著作《美国制造：国家繁荣为什么离不开制造业》中写道："如果没有一个强大且创新性极强的制造业体系，以及它所创造的就业机会，那么，任何一个经济体都不可能繁荣发展，哪怕这个经济体很先进。"

不管对哪个现代经济体来说，制造业都是至关重要的一个组成部分。制造业本身又有很多相互关联、相互依赖的元素，因此，制造业的命运应该依赖于这些因素。这些因素又共同影响着一个国家的政治、经济、法律、教育、社会和医疗体系的总体面貌。

制造业不仅能提供庞大的就业岗位，还能发展、完善一个国家应有的基础设施。没有血肉之躯的灵魂是不现实的。制造业就是一个国家的血肉，在此基础上，才有发展金融业和服务业的可能。

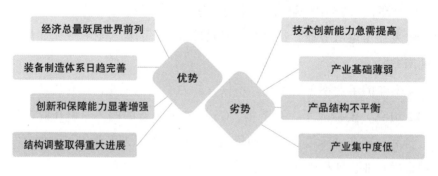

中国制造业现状

当然，某些国家是不需要制造业的，他们只需提供航运和金融服务即可。然而，这些国家必须存在两个条件：一是足够小，二是依附那些以制造业为主的国家。只有这样，"去工业化，发展第三产业"才有意义。

类似中国、美国这样的大体量国家，光凭服务业远远不足以养活这么多人，所以，它们比拼的本质必须是制造业。同理，要想让这样的国家富有，所有的法律法规、社会设施、人才储备都应以制造业为中心展开。

制造业，一定是国家经济发展的火车头。

世界产品，中国制造

"'中国制造'无处不在，就连我们拜神用的东西都是来自中国！"来自印度的贾亚蒂·戈什教授表示惊叹。便宜中国货无处不在！

虽然印度本身也是制造业大国，但在孟买的印度门、德里的红堡，以及阿格拉的泰姬陵等地，都能看到印度小贩兜售着各种来自中国的玩具。

只要35卢比（约合人民币4元），你就能买到一辆小型玩具车；花20卢比，你能买到一个弹弓。很多印度小孩还在街头吹着用洗洁精和水勾兑的泡泡。如果不是因为肤色，你一定以为自己依然身在中国。

你在印度德里能看到小孩拿着塑料球拍在打球。这种球叫作板球，是仿照羽毛球拍制成的简化版的娱乐玩具，既便宜又实用。这些都是来自中国玩具生产基地——汕头澄海。

在德里的"月光集市"里，我们能看见很多小摊贩摆出各种各样的装饰花束。据印度小贩介绍，这些都是从中国进口来的，而且价格相当便宜，一束花仅相当于人民币几毛钱。

让人意外的是，就连印度的传统服饰——莎丽，不少是在中国制造的。要知道，印度可是世界第二大的纺织国，在欧美市场上敢和中国竞争。但事实上，很多莎丽都来自中国。

同样受印度人热捧的还有中国手机。"双卡双待"、扩音设备、麦克风、蓝牙、照相机等功能应有尽有，而且印度人采购中国手机时，还能根据自己的需要，对某些特殊功能进行定制，比如专门收看板球比赛的手机。

"Made In China"，这句话是"中国制造"的意思。现今，标有"Made In China"的商品已然覆盖到全世界。从市场占有率来看，差不多有60%的产品都来自中国。之外，还有不少半成品、包装及原材料等产品不算在统计内。

分工不仅适用于不同职业之间，也适用于各国之间，这就是国际分工理论。自由贸易的发展必然会引起国际分工，国际分工的基础建立在各国有利的生产条件之上。

国际分工能让某个国家在生产和对外贸易方面，比其他国家更有优势。在国际分工中，每个国家都会按照自己的优势进行分工和交换。只有这样，才能让自己手上的资源、劳动力和资本得到最优化的利用。这无疑能极大地提高劳动生产率，增加物质财富。

荷兰经济学家贝尔德纳·孟德维尔在《蜜蜂的寓言》中说的一段话：

"不管是谁，如果他想跟别人做交易，首先他会这样提议：请给我这件东西吧，我可以用你想要的东西作交换。这句话就是交易的通义。"

孟德维尔提出的"自利有利于社会利益"的观点就是"理性的人"的基础。

也就是说，我们获取所需要的东西，大部分是通过这种方法实现的。我们每天所需的食物和饮品，不是出自屠户、面包师或挑水工的恩惠，而是出于他们吱喝的"理性心理"。

因此，我们在交易时不说对自己有什么好处，而是说对他们有什么好处。我们不说自己想要什么，而是说这么做，他们能拿到什么样的好处。

还记得之前的一篇报道，说中国人在日本疯狂抢购马桶盖，而他们回国后，却发现上面印着"Made In China"。这无疑是一件尴尬的事情，到国外跑了一圈，花高价买了一件国产货。当然，这个事情也充分说明了中国制造的强大。

在美国波士顿市政广场，一辆由中国中车股份有限公司制造的波士顿橙线地铁列车吸引大批民众驻足；中国制造的武器装备在巴基斯坦国家阅兵上亮相；安哥拉军事演习上，展示的是中国制造的突击炮。

华为在日本的工厂中，中国员工的工资比日本人高很多。日本网民吐槽自己国家：日本制造太差了，我们应该面对现实。

中国建造了非洲第一高楼——阿尔及利亚大清真寺宣礼塔，其主体结构有 250 米；中国制造液晶可弯曲 OLED 面板，出货量占据全球 22.3%，超过韩国 LG 公司，成为世界第一。

美国国庆日里，用到的烟花、国旗、烤架基本全部来自中国；

印度孟买地铁一号线上，跑的全部车辆都是中国制造。

甚至，我们熟悉的共享单车之一摩拜，在一夜之间就入驻了英国第二大城市曼彻斯特，这也是摩拜单车在全球登陆的第100城。中国共享单车成为英国一道亮丽的风景线。仅用一辆自行车，就抓住了英国人的心。

这些都是中国制造的魅力。

国际分工是社会分工从国内向国际延伸的结果，也是生产社会化向国际化发展的趋势。世界产品都交给中国制造，也是国际大分工的必然趋势。

因为中国拥有世界上最多的廉价劳动力，而且中国能把分工做到最细最佳。这自然就成为制造产业的首选国家。

也许有人会问，印度和非洲的劳动力也很多，而且廉价，为什么世界上制造最多产品的国家不是印度或非洲呢？

其实，除了丰富廉价的劳动力外，企业还有很多需要考虑的因素。比如电力、电信、交通等基础设施，还有金融和政府合作等。中国在这些方面远远领先于印度，当然更领先于非洲。

综上来看，中国有廉价的劳动力优势，还有足够的工业基础设施，优点比较多。所以世界上其他国家，尤其是一些发达国家，都更愿意将工厂建在中国。

为什么世界产品必然会交由中国制造？也就是说，为什么国际分工一定会出现？原因一共有三点：

第一，为了促进国际贸易的发展，国际分工一定会出现，因为国际分工是国际贸易发展的基础。国际分工不仅能让效率提高，还可以增加各国的商品数量，让国际交换的必要性增加，促进经济快速增长。

第二，国际贸易对世界经济产生重要影响，这一点是毋庸置疑的。随着各国产品的不断涌现，人们对国际分工的需求也越来越清晰。因为国际分工不仅决定了经济发展的规模，而且决定了经济发展的速度、内容与结构。

第三，经历了第三次科技革命后，发达国家的工业因科技发展迅猛，以国际分工为主的模式相比"关门自产自销"，更能满足发达国家的经济发展需求。

以上就是世界产品必然在中国制造的原因，发达国家把国际分工做得更加专业化。发展中国家也在努力改善自己在国际分工中的不利地位，并组成一些经济集团来抗衡。因此，世界产品，中国制造，正是当前经济发展的大趋势。

中国终于有钱了，然后借给美国

2017年8月16日，美国财政部公开了最新数据：2017年6月，中国增持了443亿美元的美国国债，手中持有的美国国债达到了1.15万亿美元，自2016年10月以来首次超过日本，成为美国最大的债务国。

据资料显示，这已经是中国连续第5个月增持美国国债。与此相对，日本在2017年7月减持了205亿美元的美国国债，手中持有的数额为1.09万亿美元，排名第二。

中国和日本所持的美国国债相加，能超过美国国债总数的三分之一。因为美国国债只发行了6.17万亿美元。同时，从全球范围来看，美国国债在同一时间内持有量增加了 477 亿美元。

中国严控外汇流出，同时吸引外资的手段已经有了效果。目前人民币兑美元的汇率已经上升了 4%，而去年下降了 7%。

美国杰富瑞投资银行的经济学家西蒙斯说："中美之间紧密的贸易联系对中国出口十分有利，也提升了中国对于美国国债的需求。在未来几个月中，中国可能会继续保持对于美国国债的高度需求。"

很多人都有这样的疑问，为什么中国要买美国国债？

首先，你要知道美元是世界货币，而对外贸易的结算是使用美元的。美国印出美元的数量是有限的，多了会造成通货膨胀，少了会造成通货紧缩。所以，这些美元在付给中国以后，就会造成美国国内货币储备量的减少，只能通过一定的机制将美元送回美国，才能保证货币总量的平衡。

让美元回到美国，有两种机制：

第一种是花钱购买美国的产品，但美国能卖给中国的只有农产品以及波音飞机，在这种情况下，中国是花不出去美元的。

第二种是存钱，就是购买美国国债。你要和美国做生意，要想赚美国人的钱，就必须买美国国债，这是无法选择的。因为美国看重信用，美元又是世界储备货币，这种美元霸权在某种程度上也保障了中国的利益。因为把钱存到美国，总比把钱存到战火不断的小国家要好。

此外，中国不会把美国国债花光。因为 1998 年亚洲金融危机，东南亚的一些小国家就是因为手里的美元储备量太少，导致本币大幅度下跌。如果一个国家手里的美元储备，不够吃进对方抛售的本币，那这个国家的本币就会大幅贬值。香港正是因为中国国库的美元储备充足，所以才没被美国冲击倒。

很多对经济不太了解的人会问，中国为什么不用几万亿的美元改善民生？

首先，这些美元的所有者不是中国政府，而是那些包括外资企业、国有企业、私企和一些投资中国市场的外国资本在内的出口企业。

打个比方来说：你是一个私企的大老板，你把公司的产品出口到美国，美国人会付给你美元。但你不能在国内消费美元，国内只承认人民币，怎么办呢？

中央银行会把你的美元兑换成人民币发给你，假如汇率是一比七，你给中央银行一美元，它就会发给你七元人民币，这样才能保证货币总量的平衡。

如果你日后需要用美元去国外交易，只需将手里的人民币交给中央银行，中央银行会按照你给的人民币，支付相应的美元，让你的美元能在美国流通。

这么说你就应该明白了：中央银行手里的钱根本不属于中国政府，中央银行就相当于中介，起到一个代管作用。

美元霸权对美国真的很重要，这就相当于美国的特权。美国如果失去工业，完全可以重新建起来，重新生产必要的产品。但如果没有美元，美国就不能像现在这样，让其他国家为其承担通货膨胀，自己却享受廉价的工业品。

打个比方来说，你想用石油作为国家储备方式，但原油交易市场都被美国牢牢控制，美国能够操纵石油价格。这就出现了一个现象：中国买什么，什么就贵；中国卖什么，什么就便宜。定价权掌握在美国人的手里。

其实，现在就可以理解为什么中国要选美债了。因为任何国家的货币作为外汇储备品，都能被美国随意操纵价格。美国只是不敢对自己国家的国债下手，因为美国国债就是美国的命根子。

可能有人会问，难道在中美贸易逆差中，受益者一直是美国人吗？其实并不是，相反，购买大量美国国债的中国，反而是中美贸易逆差中的受益人。

美国对中国的出口主要体现在四个行业里。根据美国商务部的数据显示：美国对中国的出口额不到 1700 亿美元，其中有将近 700 亿美元都来自于四个行业的对华出口。中国仅是停止购买波音飞机，或者中断国人赴美旅游，就能让美国经济大受损失。

各行业的中国制造源源不断地供应着美国。2016 年，中国产品抵运美国的总量就达到 4630 亿美元。可以说，美国人的生活全面依赖着中国制造，短时间内很难改变这个现状。如果中国停止对美国的供应，美国将元气大伤。

美国汽车和肉禽产业一直在强烈呼吁，让美国政府向中国政府施压，增加美国汽车和肉禽产业的对华出口量。中方取消了对美国牛肉的限制，但依然限制了大部分的肉禽产品进口。美国政府正摩拳擦掌，打算让中国多多进口美国产品。

中国制造的电子产品进口到美国，中方只能赚取一些蝇头小利。真正获益的是美国公司，来自中国的廉价进口产品给美国人带来了巨大的利益，不仅提高了美国人的消费能力，还提高了美国人的生活水平。因此，美国离不开中国这个世界工厂。

美国钢铁行业大力游说，指控中国向美国倾销产品，这让美国政府增加了一系列的进口税。但这并没有让美国钢铁工业安心，因为他们还在担心，以中国庞大的钢铁生产能力，会对全世界范围内的钢产品价格造成巨大压力，最终影响美国公司的盈利状况。

国进民退，一开始其实是好事

又是一轮毕业季，王尊和舍友一起吃了"散伙饭"，聊起了各自以后的打算。王尊的上铺李仁先开了口："我老爹已经为我铺好了路，只要我笔试能过，就能进国企。"

另一位舍友说："我马上也要参加公务员考试，但愿能过！"

宿舍长清了清嗓子，说道："我舅舅是国企人事部的，我只要参加一个面试就可以进国企了。"

大家都投去美慕的目光，王尊也很美慕。谁不知道国企是铁饭碗，进了国企，这辈子就衣食无忧了。大家又问王尊打算去哪儿，王尊一脸腼腆地笑了："我啊，我也打算去国企，已经报名参加国家电网的考试了。"

大家感慨了一番，推杯换盏中，祝福了彼此都能如愿以偿。

故事中，王尊宿舍的舍友们的想法，在某种程度上也是当代毕业生的想法。大家嘴上都埋怨国企，但心里都巴望着迈进国企。很多人在说，国企阻碍了市场经济的飞速发展，但其实，国进民退在一开始其实是好事。

国企是我国的"长子"，它在我国社会经济刚起步的时候，能将有限的资源集中起来办大事儿，为我国的经济建设做出了巨大的贡献。

在新中国成立初期，中国优先发展重工业，加快国家工业化的脚步，国有资产和国有企业应运而生。半个世纪过去了，随着我国社会主义经济体系的建立，国有资产和国有企业的发展目标发生了改变，现在主要是维护社会稳定和经济发展。

狭义概念

国有经济在某一或某些产业领域市场份额的扩大，以及民营企业在该领域市场份额的缩小，甚至退出。

广义概念

除了狭义概念内容外，还表现为政府对经济干预或者宏观调控力度的加强。

国进民退的概念

事实上，这种处理方式是我国国有企业改革的长期目标。但是，在这种处理方法尚未完全铺开之前，一些大型和特大型的国有企业仍是我国国民经济的中流砥柱。

首先，大型国有企业是我国国民经济的重要力量。虽然我国将一部分国有中小企业以租赁、承包、售出、参股等方式向产权多元化转变。但是，进入21世纪后，我国国有资产就已经达到9万亿人民币，构成了极其庞大而繁杂的体系，国有企业和国有控股企业仍占主导地位。

其次，大型国有企业是抗衡跨国公司的主力军。中国加入世贸组织后，一些大型跨国公司大举攻入中国市场，各种洋货猛烈冲击了国货。尽管民营经济已经有了很大的发展，但是由于其在技术、质量、规模等方面的显著差距，尚不能与跨国公司抗衡，只有大型国有企业才是抗衡跨国公司的生力军。

再次，大型国有企业是我国支柱产业的重要支撑。在石油、化工、机械、电子、冶金及建材等行业中，国有企业的力量不容忽视。在一些重要工业领域，国有企业也不会完全放权给民企。

最后，大型国有企业依然是出口创汇的核心力量。大部分大型和特大型的国有企业，都会用销售额的 1% 左右进行研究与开发，其技术处于国内工业企业当之无愧的领先地位。

当然，中国的经济基础就是在国有企业中建立的，在建国初期计划经济体制下，国企的作用可谓巨大。可以这么说，我们用二十几年的时间，建立起自由市场经济体制几十年甚至上百年才能做到的经济体制。在这里面，国有企业发挥了巨大的、无可替代的作用。

但那是经济发展水平十分低下的时期，国有企业确实发挥了很好的统筹作用。经过几十年的经济快速发展，我国的生产力水平已经发展得较为成熟，计划经济已经不能适应生产力发展。现今，国有企业的不足之处还是不容忽视的。

大部分国有企业受到政府长期的扶持，这种大力扶持会导致企业缺乏竞争力和创造力。此外，国有企业对自主品牌不够重视，导致很多国有企业一直给外国公司生产产品。同时，国企会让国内空间进行压缩，影响民族品牌的发展。

国企缺乏民主和监督机制。基层职员没有权利参与公司的决策活动，基层职员的意见也无法反映给上级，这就造成了国有企业职工没有监督权。

国企实行的是全员劳动合同制，所以职员的饭碗直接掌握在分支机构或子公司的负责人手中。这就造成了职员把分支机构的人视作"土皇帝"，对他们的所作所为不敢有任何非议，甚至遇到不公正待遇时，也只是敢怒不敢言。

此外，"总公司负责人——子公司负责人"这种单线联系的方式，很容易在中间环节欺下瞒上，且不容易被人发觉。一些分支机构和子公司领导大权独揽，一手遮天，在这种情况下，国有企业出现腐败甚至经济犯罪的现象也就不足为奇了。

而且，国企占用了太多资源，甚至在某些行业形成垄断，这对其他民企发展并不公平。所以，国家也一直在寻找一种改革国企的好方法，能让国企在保持原有产能的基础上，重新被赋予生机与活力，参与到良性的市场竞争中。

只有打破国有企业一家独大，甚至一家独占的场面，政企才能真正分开。无论国有企业有否控股，政府都不应该干涉企业董事会的决策。这是作为一个企业独立运行的基本保证，也是政企分开的重要前提。

然而，国企在建国伊始，能够有利于保持国民经济的稳定发展和保证国家安全，这一点也是不容忽视的。

国企在建设初期更有效地进行经济拓展、夯实基础、维护社会与经济安危、提高经济安全性；能更有效地避免全球化、金融化带来的负面影响，保持国民经济的安全、稳定和发展；能更有效地抗衡跨国垄断资本的垄断与扩张，推动国内企业实现群体性崛起。

其实，无论是国进民退还是国退民进，都是市场经济的中市场主体竞争的必然结果，是市场经济的正常现象。但在人民生活水平越来越高的今天，国退民进的方式才更能适应时代的发展，提高市场的经济能力。

第二章
去产能，供给侧到底改什么

苹果 VS 富士康，制造大国背后的心酸

标准版苹果 6Plus 的部件和劳工成本仅为 216 美元。其中，每部苹果手机的流水线劳工成本仅仅只有 4 美元到 4.5 美元。也就是说，富士康制造一部苹果手机仅赚 4 美元到 4.5 美元，有九成以上的利润都流回了美国总部。

苹果 VS 富士康的例子还有很多。比如美国市场上销售的一款儿童玩具，商场的零售标价是 100 美元。这种玩具的设计商和经销商都是美国企业，而生产商是中国企业。

在玩具设计定型后，美国企业将订单发给香港某玩具商，每件玩具的价格为 50 美元；而香港玩具公司转手把订单外包给北京的一家外贸公司，每件价格为 22 美元；北京外贸公司再将玩具外包给温州某工厂订货，每件价格为 15 美元；温州某工厂的生产成本为 12 美元；美国公司拿到玩具后，以每件 82 美元的价格卖给商场。

粗略计算下来，温州某工厂的毛利润每件为 3 美元，北京外贸公司的毛利润是每件 7 美元，香港玩具公司的毛利 28 美元，美国公司的毛利 32 美元，商场的毛利是 18 美元。

目前，如果从工业生产和出口的总额来看，中国是世界上数一数二的制造大国，这一点的确名副其实。但是，中国并不是制造强国，因为中国做的工作技术含量极低，只能算是制造工厂，在世界化的经济中并没有多大的优势。

不可忽视，中国在近几年的发展还是很迅速的。但总体来说，技术含量还是较低，只有个别技术领先世界，而且所占比例微乎其微。只有制造业强盛，才能极大地提高我国的综合国力，提升我国的国际地位。

但是，中国还远非制造强国。众所周知，衡量一个国家制造业水平的高低，不仅要看数量，更要看质量；不仅要看产量，更要看结构。但是，我国在各个方面总有些不足。

从质量上看，中国制造业还处于低端水平，大部分企业还处在产业价值链中附加值的底部。也就是说，中国的制造业一直在为发达国

中国制造业存在的问题

家的制造业做嫁衣，中国制造业的工人还在为发达国家创造利润。

很显然，处于低端水平、低附加值阶段的中国制造业，在国际竞争中除了劳动力成本低廉外，并没有其他方面的优势。市场经济的绝大部分利润，都是通过压榨劳工得来的。

大多数产业的核心技术并没有掌握在中国人的手里，导致中国企业只能分到极低的利润，这也是中上游企业拼命压榨下游企业利润的原因。这让下游企业得不到长足发展，继而不能建立起强大的供应体系，市场最后失去平衡。

所以从某种角度上讲，我国的制造业正处于"大而不强"的尴尬位置。

浙江一家机床厂的采购部经理诉说了自己这样的一段经历：工厂打算从德国引进一套设备，当时大家心想，这套设备价格不菲，好在国内有原材料和必要工具，不如让国内工厂依样做出一套设备，以便节约成本。

于是，机床厂与国内某原料厂商接洽，厂商拍胸脯表示，自己生产的产品绝对没有问题。然而，当他们开工后才发现，国产设备即便和德国、美国同样型号、同样标准，质量却根本无法保证，而且工具也达不到要求。没办法，机床厂只好从德国进口了一套设备，可产品的价格却大大提升了。

机床厂采购部经理说：国内企业最要命的一个问题就是"凑合"，特别是那些中小型加工企业。

他说，他所接触的美国、韩国等企业，他们做的产品，假如客户定的质量是五级，他们就要做到六级水平。而中国企业则是你要五级，我就比四级稍微好一点，勉强合格就得了。这种理念严重阻碍了中国产品的升级。

当欧美制造业的大企业不断向中国转移时，中国企业仍然停留在与自己竞争的程度上，仍然用凑合的态度应付客户，这怎么能跟欧美大企业竞争呢？

就像文中说的那样，国内制造的机床设备通常以中低端为主，这些机床无论从加工性能还是稳定性来说，都跟国外机床有较大的差距。不是加工精度不够，就是效率偏低或者故障率较高。

在激烈的市场竞争环境中，工厂比的是谁的产品竞争力更强，所以文中的浙江机床厂宁可花钱买进口产品，也不愿因为省钱留下隐患。当国内工厂发展到一定实力时，一定会选择进口品牌，这一点是毋庸置疑的。

机床设备行业是一个以实际结果来说话的行业，国产设备应该理性地认识到差距，而不是刚搞好一点技术，就夸下海口说赶超国外。国产行业不应靠大肆吹嘘或靠政府补贴，而是应该依靠自己的技术和实力。要知道，市场的选择是理性的。

有些观点认为："我们有钱，能用钱解决的都不是问题！造不好机床怎么了？那就别费劲去造了，直接买来用不是挺好吗？老外还求着我们买呢。"

可是，如果我们自己能造出来的东西，别人去模仿着造，这是不是可以说是一种本事？但是，如果这些机床设备我们造不出来，就只能受制于人，别人说多少钱，就得掏多少钱，因为我们没有发言权。

事实上，一个国家的所有物品都是通过制造业造出来的，如果中国制造工厂将大部分钱用在买进口设备上，那工厂就会始终处在高价买设备的循环中。设备用几年又要更新，不然就会失去竞争力，然后又把赚来的钱投在买设备上。

可以说，中国的制造业一直在老老实实地给国外的制造业打工，这也是我们国家的制造业跟国外制造业差距拉大的根本原因之一。

欧美打喷嚏，我们为什么跟着感冒

　　某跨国企业的一家子公司位于某沿海城市开发区西部，它是在中国建立的零件加工公司。该子公司员工说，大公司之所以选择落户该沿海城市，是因为它既看到了中国市场蒸蒸日上的发展前景，又充分考虑到该沿海城市本身具有良好的海陆运输基础和工业发展基础。

　　此外，该沿海城市市政府很注重外向经济的发展，也会组织展开外商企业座谈会，面对面地与企业进行交流。开发区管理局也会为企业开展座谈会与招聘会，帮助企业解决一些难题。政府职能的转变，在很大程度上给这些跨国公司带来巨大的信心。

　　在这座城市的西部，该沿海城市开发区也激荡着振奋人心的节奏：人行道上，刚从企业生产线交接班出来的IT蓝领们鱼贯而出；机动车道上，一辆又一辆标准集装箱车辆穿梭着，最新下线的手机和电脑将从这里运至机场，飞往全球。

近几年，随着电子信息技术发展水平不断提高，人与人之间的联系和交流也变得越来越方便快捷。在这样的背景下，世界经济一体化的进程逐渐加快。目前，全球经济已经形成一体化发展的局面。

面对这样的经济环境，我国抓住了经济发展的机遇，在激烈的国际竞争中发现了自身优势，并且努力提高国际竞争力，将传统经济模式成功转变，紧跟世界经济发展的潮流。

20 世纪 90 年代以来，世界经济发生了历史性的变革——经济在世界范围内变成一个整体。

世界各国的经济紧密相连，促成世界经济一体化，这是历史性的一幕。无论是发达国家还是在发展中国家，对全球经济的依赖程度越来越高，因为世界经济一体化是一个必然的结果。

在这种情况下，各个国家之间都会高度依赖彼此，无论是一个国家还是一个企业的变动，都将引起其他环节的相应变动，产生直接或间接的影响。

比如例子中的公司，它是一家世界性的工厂，如果该公司出现问题，全球的手机与电脑行业都会受到波及。同样，欧美方面打个喷嚏，中国也会跟着感冒。

此外，每个企业都尽可能突破本国市场规模与资源配置的限制，以此在竞争日益激烈的国际市场中站稳脚跟。所以说，世界经济早已一体化，这也成为公司国际化发展的第一动力。

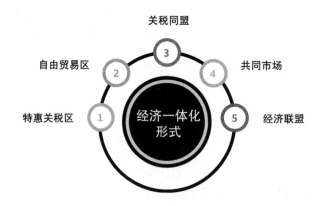

现在，中国经济已经成为世界经济的发动机。虽然这个发动机不止一个，但中国肯定是最大的一个。中国经济的增长速度，在很大程度上影响了世界经济的增长。

每个国家都不仅关心自己的情况，大家都将目光放得更长远。比方说，只要中国经济增长稍微放缓一些，中国的进口资源稍微下降一点，就会有很多国家的经济受到波及。

2007 年 5 月 16 日清晨，波音 787 梦想飞机的最后一批主要组件到达美国埃弗雷特。

这批主要组件包括：由意大利阿莱尼亚航空航天制造的 44、46 段和中央机身段、由日本川崎重工制造的前机身段 43 段集成后的中部机身，以及由川崎重工和富士重工制造、由富士重工组装的 11/45 段、中央轮舱和中央机翼油箱。

787 项目的部件被发往世界各地，这些供应商不仅要完成产品，还需要安装系统。可以说，波音飞机是由国际供应商共同产出的。但波音 787 项目由于意大利和日本的供应商，在机身和电传操作软件上没能及时交付，787 飞机的生产被迫推迟。

中国的成飞集团是波音 787 飞机方向舵的世界唯一供应商，除了机翼生产等核心技术外，波音公司超过 60% 的零部件都要外包给其他供应商进行生产，在世界各地有超过 5000 家供应商。

波音发言人卡迪那表示：波音新战略的核心在于成本的削减，以及大规模系统集成。波音企业将集中力量进行飞机设计研发和最后组装，并逐步剥离零部件生产业务，以降低零部件的生产成本。

从文中我们可以看出，日本和意大利供应商是导致787飞机生产延误的重要原因。787飞机的首飞和交付的整体后延，正暴露了波音公司的这种问题——受国际影响过重。

扩大外包是波音企业的发展战略之一。但这样的发展战略在降低成本的同时，也给公司带来了风险。这些数以千计的世界供应商中，只要有一处出现问题，就会让整个系统的进展受到阻碍。这就是国际大分工带来的风险。

众所周知，国际分工就是指世界各国间的劳动分工，是国际贸易和各国经济联系的基础。国际分工是社会生产力发展到一定阶段的产物，生产社会向国际化发展的原因，正是社会分工超越国界的结果。

国际分工能让一国在生产方面和对外贸易方面，比其他国家都更有优势。在国际分工中，各国都会按照对自己有利的生产条件进行分工和交换。这样才能让自己的资源、劳动力和资本得到最有效的利用。这无疑会大大提高劳动生产率及增加物质财富。

近几年来，对于中国在国际分工中的地位的研究，已经演化成有关"中国是否已经成为世界工厂"的讨论。

所谓"世界工厂"，就是指一个国家的制造业较为发达，有众多企业和产品能在世界市场上占主要地位。

能被称为"世界工厂"的国家，应该在某些重要产业中有一批优秀拔群的企业，这些企业能在生产、新产品开发、技术创新、经营管理水平等方面名列世界前茅。

中国生产的产品在世界市场上占有主要份额，并能通过不断发展的研发能力，以及机械制造能力生产出一些高级制成品，提高产品的附加值。中国"世界工厂"的形成，不仅意味着我国制造业的庞大规模，而且显示了我国和外部世界的贸易能力。

存在即合理，雾霾必然与 GDP 齐飞

世界史上最严重的六大雾霾事件：

1930 年比利时马斯河谷工业区内，有 13 家工厂排放出大量烟雾，这些烟雾弥漫在河谷上空，久久无法扩散。在二氧化硫及粉尘污染的综合作用下，河谷工业区有上千人出现咳嗽、流泪、咽痛、恶心、呕吐、呼吸困难等症状。

1943 年 7 月 26 日清晨，正在路上行走的美国洛杉矶人闻到了一阵刺鼻的味道，有很多人出现了不断流泪的症状，这也是洛杉矶有史以来首次受到雾霾的攻击。随后十几年，化学雾霾在洛杉矶成为常态。

1948 年 10 月 26 日至 31 日，美国多诺拉镇持续出现了雾霾天，甚至出现逆温现象。很多工厂排放了大量烟雾。烟雾被封闭在山谷中。除了不断排烟的烟囱外，一切都消失在雾霾中，空气中散发着刺鼻的二氧化硫，令人眩晕、恶心和呕吐。

1952 年 12 月 5 日至 8 日，英国伦敦的城市上空连续出现了四天雾霾，能见度极低。由于大气中不断积蓄污染物，且不能扩散，让很多人都感到呼吸困难、眼睛刺痛、流泪不止。当时，伦敦城内到处都是咳嗽声，这就是骇人听闻的"伦敦烟雾事件"。

1959 年，墨西哥的波萨里卡，由于石油、采矿工业排放的烟雾造成的大气污染公害，雾霾天气不断，使墨西哥人深受其害。

1964 年日本四日市哮喘事件：1955 年以来，日本四日市的工业废气日益严重，重金属微粒与二氧化硫形成硫酸烟雾，使得市民哮喘病的发病率不断增加。

但是，这几个国家在雾霾出现的同时，得到了工业与经济的
飞速发展。

雾霾，是雾和霾的组合词。雾霾常见于城市。中国不少地区将雾
并入霾中，作为灾害性天气现象进行预警预报，统称为"雾霾天气"。
雾霾是特定气候条件与人类活动相互作用的结果。

当然，高密度人口的经济及社会活动必然排放大量细颗粒物——
PM2.5，这种细颗粒物的排放量一旦超过大气循环能力和环境承载度，
就会对人体造成损害。如果此时受到静稳天气等影响，极易出现大范
围的雾霾现象。

毋庸置疑，中国作为拥有十几亿人口的最大发展中国家，发展经
济、让人民生活富裕就是政府最重要的责任之一。

不管对哪个国家来说，经济发展都是至关重要的一件事。如果不
发展经济，就不能让国家繁荣强大；如果不发展经济，人民的生活水
平就不能得到改善提高。"贫穷难言幸福，幸福需要物质基础"就是
这个道理。

发展经济和环境保护之间的矛盾，似乎是一个永远都无法解开的
线团。无论是发达国家的过去，还是发展中国家的今天，大家都在走
发展经济并污染环境的相似路子。

这个道理很简单，发展经济就必然会消耗能源、矿产和水资源等，
这就往往会导致能源和资源量减少。在经济发展时，也不可避免地会
排放废弃物，造成土地、水和空气的污染，导致环境质量的下降。

发展中国家，尤其是我国，在经历了生活极度贫困、物质极度匮
乏之后，必然会对经济发展极度渴望，对 GDP 的增长有着不可按捺
的冲动。

可以说，当前的雾霾现象就是来自于我们不断追求的经济发展。当然，也有一些落后地区的技术跟不上，仍采用低效率高污染技术，但大部分都已经走上城市发展的道路。

要知道，雾霾的存在是合理的，而环保是有钱人的游戏。只有你生活得丰衣足食、富足了，你才有空关心自己的生活环境怎么样。在这之前，为了尽快达到小康水平，牺牲环境换取发展是必然的。

当然，发展不一定要牺牲环境。但现在的技术水平还处在发展期，若想快速发展，出现环境问题是不可避免的，这一点一定要认清。

目前，可持续发展对我国而言还比较困难，大部分公司只当它是句口号。因为可持续发展的前提，就是你有足够的财力来保证人们的行为规范。只有经济先发展起来，才能进一步考虑环境的治理。

因经济发展而造成的污染主要有三类。

第一，大气污染方面。大气污染主要是燃煤造成的。比如燃煤大省河南，它是传统的工业城市，重工业比重高，像安阳钢厂这样的重工业，排放的污染物自然很多。

第二，水污染方面。近年来，我国在处理工业废水，治理工业污染方面虽然取得了一些成绩。但是因为经济发展过快，城市化进程加速，大量人口集中在市中心，这使得城市生活污水的排放量大幅增加。而城市生活污水处理厂还未建成，直接导致生活污水直接排放，造成环境污染。

第三，固体废物方面。大量生活垃圾与城镇建设垃圾不易处理，特别是城市化进程中的废弃建筑材料，如水泥、砖块、混凝土等。

比如内蒙古草原，自从改革开放后，牧民的生活逐渐发生了改变。一条条宽广的道路穿过草原，道路的开通让他们和外界联系更加方便。随着与外界的联系增多，牧民开始放牧更多的牛羊，牧民的生活水平也不断得到提高。

然而，这样的状况并没有持续多久。随着羊群越来越多，草地开始变得贫瘠，气候更加干燥，风沙肆虐得更加严重，羊群的草料成了最大的困难。许多牧民离开世代生活的家园，到陌生的城市谋生。

这些都是经济发展必然会出现的问题。

中国目前的环境状况可以说是比较糟糕的。与所有的工业化国家一样，中国的环境污染问题与工业化相伴而生。

此外，中国耕地面积严重缺乏，但因为城市化发展又不得不围田造路。一方面退耕还林，另一方面又大量砍伐树木。这也直接导致了华北地区沙尘暴、西北地区土地荒漠化和草原退化等问题日益严重。

可是作为发展中国家的中国，最紧迫的任务是发展经济，拉近与发达国家的距离，这点是毋庸置疑的。

少生产、多消费的供给侧改革

在某栋居民楼里有两个人，张华是卖衣服的，李明是卖调味品的。张华用自己的钱买了李明的调味品，张华消费了，李明就有钱了，就能拿着钱干点儿别的事，比如购买张华店的衣服，于是张华也有钱了。

同样的道理，可以再买点儿王五的盐、赵四的米。内需扩大了，除了买酱油，又可以吃米吃盐了。李明除了买衣服之外，还能买些别的消费品。

当然，李明也可能攒些钱扩大自己的调味品厂，比如开发个苹果醋，这就是投资。张华一看苹果醋不错，也买了一点儿尝尝，钱又回到李明那里。内需又扩大了，生活水平提高了。

这期间，因为李明和张华都卖东西，卖东西就要交税，政府也有钱了。政府有钱，就可以补贴给穷人，让没钱的人也能买点儿酱油醋，这样，李明又可以多卖点儿酱油、醋，多赚点钱。他卖完了再去买张华的衣服，于是张华也有钱了。

政府也可以用这笔钱建个公路，能让大家更方便地去各地买酱油，于是，大家又能拉动别的地方的内需了。

当然，如果大家都太有钱了，看不上国内的酱油、醋，非要去国外买老外的酱油、醋，那就不是扩大内需，而是扩大进口，是给老外送钱了。

这个故事很好地解释了我国为什么要拉动内需。中国是注重外贸出口的国家，因为我国生产的大部分产品都不是被自己人消费的，而是被外国人消费的。

如果只有产能上限，而没人消费你的产品，就算你拼命把产品造出来也卖不出去，只能堆在仓库里烂掉，这就是浪费资源，它没有创造真正的市场价值，也就没有 GDP。

2008 年经济危机爆发后，外国人没钱了，也没有能力消费了，他们开始减少对我们产品的购买。也就是说，中国的工厂没有了生产合同；没有生产合同，工厂就不能开工，因为即便开工，产品也卖不出去，所以工厂停业，工人失业……

这一切，都是因为原来的消费者——外国人，不再购买东西了。那怎么办？政府想了一个好办法，那就是让另一部分人来买东西，这就是要拉动内需——国内消费需求的目的。

因为中国的人均消费水平还很低，还有很多的上升空间。如果能把这部分需求打开，就能促进生产积极性和经济体活力，让产品有人消费。这样，工厂才能开工，工人才有工作，人民才能安居乐业，社会才能稳定。

马克思曾说"工人生产越多，消费越少"，其实说得没错，同样的商品生产越多，就越让人失去购买欲望。而工人工作时间越长，就越没时间消费。

供给侧，即供给方面，供给侧结构性改革的根本目的，就是提高社会生产力水平，落实好以人民为中心的发展思想。

在适度扩大总需求的同时，要做到去产能、去库存、去杠杆、降成本、补短板，加强自身的优势，减少无效的供给，扩大有效供给，提高全要素生产率，使供给体系能更好地适应需求结构的变化。

2003年后，国有企业的生产力变革相对缓慢。钢铁、煤炭、水泥、玻璃、石油、石化、铁矿石、有色金属等几大行业，亏损面已经达到80%，产业利润大幅度下降，产能过剩也很严重。

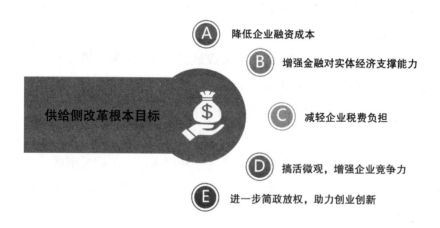

截至 2015 年年底，几大行业的生产价格指数已连续四十多个月呈负增长状态。中国供需关系正面临着不可忽视的结构性失衡。

阻碍中国经济持续增长的最大路障就是"供需错位"。

一方面，产能过剩已成为阻碍中国经济转型的一大坎儿；另一方面，中国的供给侧严重不配套。总体上是低端产品太多，高端产品不足。

此外，中国的供给侧低效率，无法供给让人满意的产品。因此，强调供给侧改革，就是要从生产方面入手，寻求新的路径，启动内需，打造经济发展的新动力。

2008 年国际金融危机爆发后，我国为了保证经济的稳定增长，采取了一系列针对经济周期性波动的宏观调控政策，比如积极的财政政策、稳健的货币政策和政府投资政策。这些政策确实起到保证经济的稳定增长的效果。

供给侧改革旨在调整经济结构，让要素实现最优配置，提升经济增长的质量和数量。从提高供给质量出发，更好满足广大人民群众的需要，促进经济社会持续健康发展。

供给侧改革，就是用增量改革促存量调整，在增加投资过程中优化投资结构、产业结构开源疏流，在经济可持续高速增长的基础上实现经济可持续发展与人民生活水平不断提高。

供给侧改革就是优化产权结构，国企与民企共同发展，市场和政府相互促进，优化投融资结构，促进资源整合，实现资源优化配置与再生。

供给侧改革就是优化产业结构、提高产品质量，实现公平分配，让消费成为生产力。

供给侧改革就是优化流通结构，节省交易成本，提高有效经济总量。

供给侧改革就是优化消费结构，实现消费品不断升级，不断提高人民生活品质，实现"创新—协调—绿色—开放—共享"的发展模式。

从 2015 年开始，以去产能、去库存、去杠杆、降成本、补短板为重点的供给侧结构性改革就已经拉开了帷幕。

虽然国家多次强调"不唯 GDP 论英雄"，但这项数据依然是经济社会发展的重要指标。为此，李克强总理明确表示过，要"抡起金箍棒"应对挑战。

调结构：国民经济的多米诺骨牌

2008 年 9 月，"毒奶粉事件"震惊无数家庭。三鹿集团由于其生产的婴儿奶粉中含有三聚氰胺，被发现多名婴儿出现肾结石症状。随着事件不断发酵，最终成为举世震惊的"毒奶粉事件"。

而"毒奶粉"事件，就像多米诺骨牌效应中的第一块被推倒的骨牌，它快速砸向所有的国产奶粉企业。被这一事件波及的企业和品牌实在太多了。在奶粉市场上，大量消费者都产生了"还敢给孩子喝什么"的问题。

消费者普遍对国内奶粉产生不安、焦虑、悲哀、愤怒等极其负面的情绪。这也让国内的奶粉企业一蹶不振，也大大刺激了奶粉的进口。

在此时，如果再不采取有力措施，国内的奶粉产业甚至有可能陷入崩溃。

所幸，国家质检总局没有以"维护社会秩序稳定"等借口，把这一事件按在锅里，而是齐刷刷地对奶粉行业来了个大曝光。这表现出一种罕见的勇气和魄力。

大名单公布之日，也成了奶粉行业救赎之时。这注定是一个让人心痛的巨大工程。上黑榜的奶粉企业，包括所有奶农在内的整个奶制品链条，都面临了前所未有的生存压力。

但是，这种大刀阔斧地调整，能使广大消费者重新对国家严肃整顿奶粉市场乃至整个食品生产业充满信心，也避免了国内奶粉产业的多米诺骨牌效应的爆发，起到力挽狂澜的关键作用。

多米诺骨牌是一种非常精彩的游戏，在游戏时，将骨牌按照一定的间距排列成行。只要轻轻碰倒第一张骨牌，其余的骨牌就会在第一块倒下的骨牌的带动下产生连锁反应，并依次倒下。这一游戏从其诞生之日起，就令人着迷。

众所周知，多米诺骨牌依次倒下的场面令人叹为观止。而且，它还蕴含着一定的科学道理。其原理是：当骨牌竖着放置时，它的重心较高，而倒下时重心迅速下降，在倒下过程中，其重力势能便转化为动能。

当第一张多米诺骨牌倒在第二张牌上时，这个动能就会转移到第二张牌上；第二张牌又会把第一张牌转移来的动能，加上自己倒下过程中其本身具有的动能之和，再传到第三张牌上，以此类推。

所以，每张牌倒下的时候，具有的动能都会比前一块牌更大，就像银行的复利雪球一样越滚越大。也就是说，它们的速度和依次推倒的能量，也会一个比一个更大，就这样产生了"多米诺骨牌效应"。

"多米诺骨牌效应"产生的能量是十分巨大的。这种效应告诉我们，在如今相互联系的经济社会中，一个很小的初始能量就有可能造成一连串的连锁反应，从而掀起巨大的风浪。比如例子中的"毒奶粉事件"。

在生活当中，"多米诺骨牌效应"是大家很好理解的。从第一棵树的砍伐，导致了整片森林的消失；某一日上课没有听讲，可能导致一生从此荒废；第一场强权战争的响起，可能让整个世界的文明都化为灰烬。

也许，这样的说法有些危言耸听，但绝非不可能。"多米诺骨牌效应"告诉我们：即使一个很微小的力量，即使它只能引起一些察觉不到的变化，但它引发的后续事件却可能是惊天动地的。

若想让中国从"多米诺骨牌效应"成功地跳出来，调整结构就变得迫在眉睫。

中国的结构性问题主要包括产业结构、区域结构、要素投入结构、排放结构、经济增长动力结构、收入分配结构六个方面。这六个方面的结构问题既独立又统一，需要通过结构性改革去有针对性地解决。

产业结构问题集中表现在产业附加值低、消耗高、污染严重、排放量大等方面，而高附加值的产业、低碳环保产业和具有国际竞争力的企业比重偏低。

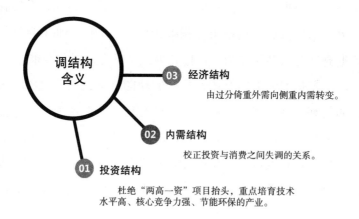

调结构
含义

03 经济结构
由过分倚重外需向侧重内需转变。

02 内需结构
校正投资与消费之间失调的关系。

01 投资结构
杜绝"两高一资"项目抬头，重点培育技术
水平高、核心竞争力强、节能环保的产业。

为此，我国应该快速推进科技体制改革，促进高技术、高附加值企业的发展；加快生态文明建设，为绿色低碳企业的发展提供动力；通过金融体制改革和社会保障体制改革等，淘汰那些落后的行业。

区域结构问题集中表现在人口分布不合理。现今，我国城镇化率很高，但城市户籍人口却偏低，且城市户籍人口大大低于城市常住人口。

为此，我国需要尽快落实户籍制度改革，保障人民福利，坚持土地制度改革等措施，推进农民的市民化进程，提高户籍人口城镇化率。

投入结构的问题很好解释。目前，中国经济发展过度依赖劳动力、土地和资源等一般性生产要素。科技、人才、资产、信息等高级要素投入比重偏低，这也直接导致了我国产业中，低端产业偏多、资源消耗过大等问题。

为此，我国必须要加快科技和教育等改革，优化要素投入结构，更多地实现创新驱动，尽快实现科技兴国、人才强国。

排放结构中，我们不难看出中国工厂的废水、废气、废渣、二氧化碳等排放比重偏高。这种排放结构直接导致了生态环境的压力过重。

为此，我国必须加快推进生态文明改革，特别是完善资源有偿使用制度、生态补偿制度，以及做好用能权、用水权、排污权和碳排放权的初始分配制度等方面的改革。

动力结构的原因很简单，中国经济增长过多依赖"三驾马车"来拉动。其实，"三驾马车"只是GDP的三大组成部分，是应对宏观经济波动的需求边短期动力，只是经济增长的结果而非原因。制度变革（改革）、结构优化（转型）和要素升级（创新），这"三大发动机"才是经济发展的根本动力。

中国要更多地依靠改革、转型和创新去提升全要素的增长率，发展新的增长点，创造新增长动力。

　　分配结构的问题体现在我国城乡收入、行业收入等差距都比较大，大部分财富都集中在少数地区、少数行业和少数人手里。

　　因此，为了避免国民经济的"多米诺骨牌效应"，我国就有必要加快推进收入分配制度改革和社会福利制度改革，保障和完善产权制度和财税制度等，促进收入分配的相对公平，缩小国内人民的贫富差距。

第三章
新经济政策对中国人的影响

新政策，先让人民兜里有钱

一个投资商在某个地方发现了金矿，于是他便投资建了一个矿场，雇佣了 100 名工人为他淘金。这个矿主每年能获得 1 000 万元的利润。矿主把其中的 50%，也就是 500 万元当作工人的工资发下去，每个工人每年能收入 5 万元。

工人们拿出 1 万元来租房子，剩下的 4 万元可以结婚、生孩子，成家立业。这样，矿主手里还有 500 万元的余钱，能够做投资。

工人手里有钱，要安家落户，所以就出现了房子的需求。于是，矿主就用手里的钱盖了房子，再卖给工人或者转租给工人。

工人要吃要喝，所以，矿主又投资开饭店，把工人手里的钱再赚回来。开饭店又要雇别的工人，于是工人的妻子也有了就业机会，有了收入。一个家庭的消费需求就更大了。

这样，几年之后，在这个地方出现了 100 个家庭。因为工人要约会，要消费，在物质提高的同时，要提高精神需求，于是有了电影院，有了商场；因为孩子要读书，所以就有了教育的需求，于是这个地方建立了学校。

50年过去了，当这个地方的金矿被挖光的时候，这里已经成了一个10万人左右的繁荣城市。

在工业化和城市化进程中，扩大内需是一项需要长期坚守的基本国策。对于发展中国家来说，扩张性经济政策除了针对极其萧条的状态外，进一步的意义则在于，工业化过程中存在着亟待转移的大量剩余劳动力，城市化进程具有不断加速的趋势。

这些特征从客观上决定了必要经济政策的有效性。财政政策对产出水平有持续的影响力，有力地支持了"发展才是硬道理"观点。

就像文中说的那样，让人民的兜里有钱，扩大内需，才能带动经济发展。这是迄今为止出台各项经济政策和应对各种危机办法的基石，也是政府大有作为的理论依据。

但是，人民和政府都紧紧地盯住物价，期望物价能够下降，希望产出持续增长。何况仅凭政府实施财政政策的力量，还不足以吸引民间的私人投资，这就会使财政政策的有效性大打折扣。

单纯地依靠扩张性财政政策的作用是非常有限的。那么，内需应当如何扩大呢？在货币政策失灵的条件下，保持财政政策的扩张性是很有必要的。

如果想继续追加政府对基础建设投资，就要在稳住一块市场需求的前提上，逐步加大对加工业技术改造的力度；进而，能够在条件许可的情况下，进一步充实人民的钱包。

假如另一个投资商也发现了金矿，他同样需要雇工人来淘金。

于是，他也雇佣了 100 名工人，每年获利 1 000 万元。但是，这个贪心的矿主只把利润的 10% 作为工资发下去，每个工人每年只能赚 1 万元。

这些钱，只够工人们勉强填饱肚子，他们没有钱买房子，甚至没钱租房子。没有房子，没有钱，也讨不到老婆，只能住在大窝棚里。

贪心的矿主赚了 900 万元，然后发现自己身边全是穷人，在本地再投资下去也没什么意义，因为工人们根本消费不起。于是，矿主把钱转移到国外。

矿主为了满足自己对舒适生活的追求，盖了一个豪华别墅，并且挑了几个工人当保镖。被挑中的工人也没有前途，因为他除了工作糊口，也没有别的需求。

有些工人想方设法地骗一个老婆来，然后生下儿子，他们却依然长吁短叹，因为以后又多了一个打工的人；如果生下一个漂亮女儿，或许还有可能嫁给矿主当老婆。

50 年后，这个地方除了豪华别墅外什么都没有，只有一个又一个的窝棚。等到金矿挖完了，矿主带着巨款跑到国外过逍遥日子了。剩下的工人要么流亡到各地打工，要么走上了犯罪的道路。

就像例子中说的那样，如果人们的兜里没有钱，他们就会剑走偏锋，"找路子"生活，就会做出违法乱纪的事情，给社会造成危害。

要知道，技术进步所带来的经济剩余只被少数人占有，只是富裕了很小一部分人。国民收入差距扩大，贫富差距也越来越明显。高收入者会消费高档进口商品，低收入者连国内商品都消费不起，直接导致了国内消费市场的萎缩状态。

如果企业低估了人力资本的价值，就会造成恶性循环。如果人们的收入大部分只能解决温饱问题，那个人就没有能力进行自我投资，也没有能力解决子女的教育问题，更别提刺激消费了。

企业只采用低成本的劳动力，按照劳动密集型的方向发展，也不利于企业采用先进技术。何况，反对低工资政策并不是要采取高工资政策，而是要让人民的工资水平能和经济发展阶段和生产效率相协调，这样才有利于财富的积累和消费。

一方面，我国资本积累量巨大，但另一方面有效利用的资本却不多。这种现象可以概括为有效积累不足。

"结构性缺口"反映的既是结构性矛盾，又是一个总量问题。如果积累的效率提高了，也就不需要那么多投资挤占消费。更重要的是，我国应该建立通畅且多元化的渠道，来改变计划经济条件下单一融资渠道的格局。

对此，政府要发挥直接融资的作用。因为光靠银行的融资渠道已经不能满足资金市场的需要，政府必须要发挥直接融资渠道的作用，比如股市。

要充分发挥民间商业信贷的活力。当前，金融市场已经向多元化趋势蓬勃发展，企业存在着生产性需求，也存在着投机性需求。而且在大部分小型企业中，这两种行为都是合二为一的。

因此，对大银行来说，他们难以区分企业行为上的差别，也没有精力管这些"小事"。只有那些小型的、地区性的民间金融机构，在这方面才有足够的信心和精力去做好这些事情。

总之，要想扩大内需，就必须让每个人手上都有足够的钱去刺激消费。只有刺激消费，才能让国内经济迎来新的增长。这也是新政策制定的重要目标。

克强经济学，收回政府乱摸的手

某农户一直在种植樱桃，他与种植草莓、香瓜和荔枝等水果的农户相比，他的樱桃价格会卖得稍微高一些，赚的钱也稍微多一点。

正值樱桃盛季，一篇关于樱桃营养价值的文章铺天盖地地出现在人们的视野内。樱桃的价格瞬间从10元一斤涨到30元一斤，这也让种植樱桃的农户赚得盆满钵盈。

种草莓的农户看了看，嫉妒得眼睛都红了，回家跟老婆一商量，明天也改种樱桃吧；种香瓜的农户看到种樱桃的农户数钱的样子，也赶忙回家拔了香瓜秧，种下了樱桃苗；种荔枝的农户也改种了樱桃。

第二年春天，种樱桃的农户收了第一批樱桃，打算去集市上卖个好价钱。当他来到集市时却傻了眼，原来，去年五彩缤纷的水果区，今天变成了清一色的红彤彤。每个水果农户种植的都是樱桃。

30元一斤的价格已经没人买了，大家纷纷降价出售。从25元一斤降到了20元一斤，后来又降到了15元一斤，最后，连10元一斤的价格都卖不出去。眼看樱桃都烂到地里，大家别提多心疼了，于是纷纷用10元3斤的价格赶紧处理出去。

回到家后，以前种草莓的农户又重新种上了草莓，种香瓜的农户又买回了香瓜秧，种荔枝的农户也操起了老本行。

第三年，市集的水果摊终于恢复了和谐的局面。

从文中的例子我们不难看出，通过价格的周期性变化，有一些水果农户会因为成本优势活下来。樱桃价格会呈现螺旋式下降，这就是市场自发调控的结果。它会让一些水果农户提高效率，或者降低成本，或者"改弦更张"。

若想从广度和深度上推进市场化改革，就必须减少政府对资源的宏观调控，也要减少政府对微观经济活动的直接干预。想让市场经济发展得更好，就要适当地将市场有效的调节机制交还给市场。

"克强经济学"强调的也是如此，要把政府不该管的事交还给市场，让市场这只"看不见的手"充分发挥作用，将资源配置和效率实现效益最优化，能让企业和个人有更多的活力去发展经济、创造财富。

"克强经济学"还强调：若想更好地发挥政府作用，就要转变政府职能，深化行政体制改革，创新行政管理方式，健全宏观调控体系，加强市场活动监管，加强和优化公共服务，促进社会公平正义和社会稳定，促进共同富裕。

各级政府一定要严格依法行政，切实履行职责，该管的事一定要管好、管到位，该放的权一定要放足、放到位，坚决克服政府职能错位、越位、缺位的现象。

去杠杆化，以大幅削减债务，降低借贷与产出比。

政府不推出刺激经济的政策，而是通过逐步缩减国家主导的投资行为。

推行经济结构改革，以短痛换取长期的可持续发展。

"克强经济学"三大支柱

　　说白了，"看不见的手"就是指市场的自我调节，而不是宏观调控。市场调节的主要内容包括三个方面：生产什么、如何生产、为谁生产。

　　市场调节这三个方面所使用的手段是价格机制和价值规律。换句话说，就是哪个产品需求量大、利润高就生产哪种产品；哪种生产方式成本少、获利多就生产哪种产品；谁出价高，就为谁生产。

　　"看不见的手"曾是西方资本主义国家最为推崇的经济方式，但由于市场自我调节的弊端，最终引发了20世纪30年代的经济危机。此后，资本主义国家才渐渐加强对经济的干预。

　　"看不见的手"的原理就是强调在完全的竞争市场中，市场机制能够有效地实现资源的合理配置，最终导致社会不可能在不影响他人的情况下，使某些人的境况得到改变。

　　在当今社会中，几乎每个人都在力求得到个人满足。一般说来，人们不会对增进公共福利特别渴望，但总有一只看不见的手，引导他们去促进社会利益。这只看不见的手，实际上就是人们自觉按照市场机制的作用，自发调节自己的行为，这样可以实现消费效用和利润的最大化。

　　人人都有利己心，是利己心驱使着人们最求最大利益。当每个人都得到了利益，社会也就得到了。因为财富就是所有国民的消费，这也是"看不见的手"的实质。

　　综上所述，"看不见的手"其实就是指市场通过价格、供求关系和竞争来调节经济的一种自发手法。

　　20世纪80年代，我国正值改革开放初级阶段，当时，我国引进了几百条冰箱生产线。政府的计划部门采取了宏观调控，告诉厂商们不要重复引进，避免资源浪费。但是冰箱厂商却不买账。

　　这种时候，就是"看不见的手"起到了巨大作用。无数厂家生产制造冰箱，市场竞争激烈，大家不得不采用降低成本，提高技术，延长使用寿命的方法，得以在日益激烈的市场竞争中生存下来。

结果，冰箱行业经过十几年的发展，让中国成为世界冰箱的出口大国。而被国家宏观调控、严密呵护的汽车产业至今仍是"幼稚产业"。

市场调控这只看不见的手，是撬动经济发展的重要杠杆。市场这只"看不见的手"，一直在操控市场经济的发展。

在中国，我们的经济由政府主导，如果想要转变成企业主导，让市场机制发挥主要作用的话，必须通过政府来引导改革。改革的重点，是要减少政府对资源配置的干预，提高市场在资源配置中的作用。而在促进市场逐渐完善资源配置的过程中，创造让企业和市场发挥作用的制度环境尤为重要。

在创造市场发挥主导作用这一制度环节的同时，还要稳定宏观经济，在需求侧方面有所作为。需求侧方面的改革并不意味着简单的逆方向而动，而是应该创造稳定的经济环境，让企业有稳定的预期，让市场有利于企业活动的各种要素。

除金融体系改革外，加强和优化公共服务对供给侧改革而言同样不可或缺。目前，我们政府很强，做的事很多，但是真正的公共服务做得还不够。

应该通过改革，把公共产品、公共服务提供出来，而且要协助市场，把一些准公共产品和准公共服务进行有效供应，为市场在资源配置中发挥决定性作用创造条件。

去杠杆，楼市没钱了怎么办

韩国在亚洲金融危机后，大部分企业都实施了"去杠杆"。为了控制经济下行的压力，韩国政府鼓励居民"加杠杆"，并宣称，借钱消费是一项爱国的举动。这也直接导致了1997年至2003年，韩国的家庭贷款比以往提高了一倍。

在此期间，那些消费需求量大，但收入水平低的年轻人成为"加杠杆"的主力军。大部分年轻人通过贷款和信用卡等消费方式大肆采买。最终，韩国在2003年爆发了信用卡危机，引发了金融市场的动荡。

中国的家庭负债也在近几年内快速增长，这也和房价上涨、偿还贷款有关。从表面上看，住房按揭贷款快速增长，有替代企业部门加杠杆的势头，但企业的负债也是上升的，两者都在加杠杆，究其原因，还是房地产市场的火爆。

那么，如果企业部门实打实地"去杠杆"，家庭部门能否加杠杆呢？这两者又有什么替代关系呢？

美国金融危机后，在信贷紧缩的环境下实行了家庭部门"去杠杆"，企业部门也未能幸免，尽管其杠杆率下降的幅度小一些。日本在房地产泡沫破裂后主要是企业部门"去杠杆"，但家庭部门的杠杆率也下降了。

人们很难想象在房地产价格下跌的情况下，该如何依靠家庭部门"加杠杆"来抵消企业部门"去杠杆"的影响。这就带来一个问题：能否在房地产价格不跌的情况下，实现企业部门去杠杆。

结合当前的情况，房价飙升到底是土地供应的问题还是经济方面的问题？有人说，中国老百姓已经买不起房子，所以房价问题是一个很大的经济问题。那么，让房价飙升的根本原因是什么呢？

有人认为，房价飙升的主要原因是土地供应问题，这个解释看起来非常正确，因为商品供应如果是被垄断的，那该商品的价格自然会上升。但是，房价和一般的资本品垄断带来的影响力是不一样的。

土地这种东西不能在空间上进行移动，也不能在时间上进行转换。如果北京的汽车需求量增加，我们能够将河北、河南生产的汽车移到北京。

但政府不可能因为北京房价高，就把河北、河南的土地移过来。因为土地是不可转移的，而且在时间的使用上，也不可延迟，不能提前。

和一般经济生产要素比，土地是具有"反规模效应"的，即个人占有的空间量越大，其他人的空间量就越小。

大城市房价高，说到底还是因为人口密度大而导致的土地供应量有限。比如说，政府要在雄安建立一个新区，这样就会导致人口增加，雄安的租金就会上升，房价也会暴涨。

虽然不应该否认限制土地供应的影响，但各位可以想一想：如果土地供应不是根本问题，政府将调控政策放在土地供应上就是丢了西瓜捡了芝麻。

房价飙升到底是什么问题？归根结底还是经济问题，这和土地的经济性有很大关系。土地价格对利率极其敏感。资产存续期限越长，当前的价格对利率的波动性就越大。土地相对其他资本品，它的存续期本身就很长。

正因为土地的存续期长，它的单期租金相对于未来几十年租金而言是不值一提的。所以，很少有人或机构能够靠自己的资产去购买土地，土地交易都是依靠外部融资建起来的，所以我们说，所有的房地产开发企业都是在"空手套白狼"。

不止中国是这样的，世界上其他国家也是如此，这是由土地的属性决定的。

房地产是信贷的抵押品。如果把汽车在银行做抵押贷款，其贷款期限最多也超不过 5 年。房地产存续期长，所以贷款的期限也会长。

在中国，还有一个特殊因素能让土地的经济属性特别强，那就是中国没有房产税。中国有土地出让金，换句话说，它就是房产税的资本化，就是把未来 70 年的房产税，通过利率结现进行资本化。

一旦土地进行资本化，它就和经济挂上钩了。资产的价格是受投资者心理预期和"羊群效应"影响的，所以，这就是房价飙升的根本问题，它与经济扩张、信贷扩张密不可分。

这也说明了去杠杆是供给侧改革的重点任务之一。它关系到控制经济风险、调整经济结构和促进可持续发展的问题。

但是，社会对于如何去杠杆和如何降低杠杆率、如何影响宏观经济等观点没有达成共识。所以，杠杆的含义应当在金融周期的框架下去了解。把房地产和信用扩张放在一起看，金融周期就是一个从"加

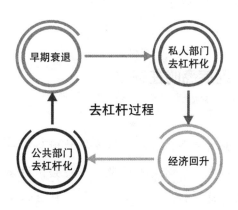

杠杆"到"降杠杆"的过程。这其中,有关房产价格的调节是至关重要的一环,没有房价的调整,就没有真正的去杠杆。

抬高增长去杠杆的逻辑类似于通货膨胀,这个观点也有其类似的局限性——高杠杆是结构性的,而且是在一个部门中;而经济总量的增长则不同,它分布在所有或者多个部门中。

因此,要实现没有痛感的去杠杆,其所需要的总量增长幅度会很大,在现实中也不容易达到。提高可持续的经济增长,促进资源配置效率上升,这不仅需要结构性改革,而且需要时间。

更重要的是,导致结构破坏、影响资源配置效率的常常是"高杠杆"领域,而"高杠杆"和房地产泡沫、产能过剩等密不可分。提高经济的潜在增长率,就应当在这些领域进行收缩和调整。

因为在过去的上百年间,不同地区、不同国家都有去杠杆挽回楼市的经历,但能通过经济增长来解决债务问题的只有极少一部分,而且都是在偶然的情况下发生的。

所以,如果这个调整会带来总需求的疲弱,那宏观的政策放松(包括财政扩张)当然有利于控制经济增长下行的压力,这也是政府所进行的合理应对。但如果把希望寄托在提高经济实现无痛的结构调整,那还是相当有难度的一件事。

"一带一路"到底高明在哪里

英国多伦多有个体育场,体育场的顶层有一个小设施,搞了两年还在建设中。当时有人就做了个视频,视频上演示的是如果交给中国来建这个体育馆,又会是一个什么样子。结果,中国人造体育场的速度之快，让英国人惊得目瞪口呆。

如果让中国人来搞基础设施建设，比如修建高铁、地铁、修马路、建房屋，不仅成本能节省三倍，就连速度也能提高3—5倍。如果不用中国人，而是由中国人投资建设，使用当地劳动力，虽然不如中国人建成速度快，但也能提高效率。

比如肯尼亚的蒙内铁路，450公里，只用了两年半建成，质量全优。英国人早在100年前，就在那里修了第一条铁路，但是铁路已经非常老旧。如果建铁路很容易，应该早就修一条了。

全世界只有中国人能在两年半的时间内建成，当地人根本无法完成。如果交给其他国家去建，不但投资巨大，而且时间会很久，可能要建个十年八年。再加上中间有点变故，就可能是一个烂尾工程。

这些，都不是美国和日本有钱就能办到的事情。

就像文中说的那样，搞基础设施建设本身就是中国的强项。像基础设施这样投资少、速度快、效益好，又没什么能跟中国竞争的国家——除非你愿意多花钱、见效慢，那就可以把项目给别的国家做——我们怎么可能不会大力发展呢？

当然，日本有钱也有技术，他们也能搞，但日本没人能搞项目，因为成本高，而且速度慢。印度学中国，也搞了一个"一带一路"，但印度自己的电厂都由中国建造，他们又拿什么跟中国竞争呢？

确实，美国经济发达，技术也发达，但只有基础设施建设，怎么也比不上中国。因为中国人是在中国国土上练出来的综合实力，中国有无数完整的方案能供国外零基础的国家不停地拷贝。

中国人搞项目建设，最少能省一半的资金，同时把用时提高一倍以上，这么高的效率谁不想要？不管哪个国家，想投资少、速度快、效率高，就只能找中国，别无他选。

"要想富，先修路"，道路建设是每个国家都要搞的基础设施建设，美国也不例外。美国总统特朗普的经济政策就有一条——大力发展基础设施建设。

那些经济不发达的发展中国家，对这些基础设施的需求就更大更迫切。因此，这些国家的市场相当巨大。中国不能说全部独占，但绝对能拿下大部分市场。

有人还在质疑中国"一带一路"是撒钱，甚至有人把"一带一路"说成是金钱外交。照他们的说法，对菲律宾的投资是撒钱，对非洲的投资更是撒钱，中国在全世界四处撒网却收不回效益，这可能吗？

中国"一带一路"的倡议非常高明，有人之所以对它质疑，是因为不了解它的巨大价值。但要说一点风险也没有，那是不可能的，因为从来没有零风险的投资。

有一点风险是肯定的，但对于中国来说，基础设施建设是风险最小的投资。如果只是想着风险，那干脆什么都别搞，在家躺着，风险

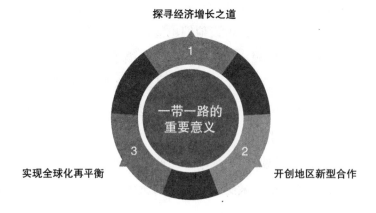

最小。要知道，基础设施建设是经济发展的基础，能对经济起到巨大的拉动作用。只要运营得当，回报不难。

再说为什么中国关于基础设施建设的投资少、见效快、效率高。因为技术都在中国人手里。当然日本也有高铁技术，但中国一点儿不比日本差，甚至速度还要更快。这种技术在全球就那么几家，而中国则是最全面的。

中国具备设计、资金、材料、设备、建设、管理、运营等整套的解决方案，如果在某个地方的成本能降低一点，总成本加在一起就能降很多。有人还担心会被搞破坏，或者某些地区不安全，导致"一带一路"难连接。这个其实并不可怕。因为像高铁、道路、电站这样的基础设施都能实现地区自我循环，完全不用担心。

中国的"一带一路"承载着中国作为世界大国的责任，承载着我国为建立人类命运共同体的外交理念，不仅能获得多重效益，而且体现了中国的大国担当。对于"一带一路"，我们应该给予支持而不是非议。

此外，基础设施建设和投资也是市场占有的一方面，它不仅能占有基础设施建设本身的市场，也能让其他产品和资本顺利进入该市场。比如委内瑞拉食品和日用品短缺，中国企业就可以制造提供，然后就能买到更多便宜的石油。

何况，像高铁这样的基础设施建设本身就是中国的优势产品，完全可以用来交换当地的资源。比如非洲农业等自然资源丰富，中国就可以派企业到非洲开垦土地种粮食，而粮食又是中国所需要的。不说中国能赚多少钱，单是非洲成为中国的粮仓后盾，建设非洲就非常值得。

高铁等基础设施建设不仅提高了当地的经济发展，还提高了当地的消费水平，这样，中国产品也就能更多地对外出口。帝国主义是用战争打开市场，而中国是用基础设施建设打开市场，这当然就更人性，也更高明。

"一带一路"建设并不只有中国一家去投资，而是通过"亚投行"等组织，动员全世界的资本和力量一起投资建设。加入"亚投行"的国家很多，因为大家都想赚钱，利益是各国一起分享，风险也是各国一同承担。

各国愿意加入"亚投行"，就是看好中国的"一带一路"建设。比如印度和日本都拷贝了一个中国的"一带一路"，也都要去非洲进行投资，这也印证了中国"一带一路"倡议的正确性。

"一带一路"引导了中国企业和产业转型。从供给侧改革，摆脱房地产和过度金融等经济泡沫，把中国经济从"脱实入虚"拉回实际。

"一带一路"也成为突破口，大力推动了中国经济的提高和转型。中国的企业都应以此为转型契机"脱虚入实"，振兴中国制造业和中国经济。

新风向，雄安对于我们意味着什么

20世纪80年代，一首《春天的故事》风靡了全国："1979年，那是一个春天，有一位老人在中国的南海边画了一个圈……"改革开放总设计师邓小平在"小渔村"画的一个圈，已经成为现代化的大都市。

"没有邓小平，就没有我们的今天。"今时今日，感怀改革开放几十年来的变化是人们发自内心的感激。

没有改革开放的勇气，就没有拥有收获硕果的幸福。邓小平是创造奇迹的人，所以人们深深地怀念他。

1979 年，邓小平在中国南海边画下"一个圈"，深圳、珠海、汕头和厦门四大特区应运而生。从此，中国开始张开双臂拥抱世界。

数十年弹指一挥间，不仅深圳的经济规模由 1979 年的 1.79 亿元，增长到了 2007 年的 6 700 多亿元。我国国内生产总值也从 1978 年的 3 600 多亿元上升到 2007 年的近 25 万亿元。

邓小平的铜像正对着深圳市新中心区的莲花山顶，俯瞰着这片热土。在这里，他迈着坚毅的步伐，专注地望向高楼林立的深圳市区。每天都有数以万计的人来看望他，从祖国四面八方送来的鲜花一年四季都在他脚下开放⋯⋯

上文是深圳特区的例子，如今，河北雄安新区也来了！这一招堪称惊天大手笔，因为雄安新区——中国第三特区横空出世了！

雄安新区的规划范围包括河北省雄县、容城、安新三县及周边部分区域，地处北京、天津和河北省的腹地，紧邻保定和廊坊。从地图上看，毗邻保定市区的雄安新区与北京、天津正好形成一个等边三角形。

区位优势明显、交通便捷通畅、生态环境优良、资源环境承载能力较强。而且，雄安新区的现有开发程度较低，发展空间很大，具备高起点、高标准的建设开发基本条件。

雄安新区的规划建设是以特定区域为起步而先行开发的。雄安新区的起步区面积大概有 100 平方公里，而中期发展区面积大概有 200

平方公里，远期控制区面积大概有 2000 平方公里。

据信息显示，目前深圳经济特区面积大概是 1991 平方公里，而浦东新区区域面积大概是 1210 平方公里。也就是说，雄安新区面积将比肩两位特区"大哥"，甚至比它们还要大。

雄安新区是以习近平同志为核心的，深入推进京津冀协同发展做出的一项重大决策部署。雄安新区对于疏解北京非首都（指那些和首都功能发展不相符的城市功能，比如低端、低效益、低附加值、低辐射的经济部门；还有区位由非市场因素决定的公共部门）功能也起到重要作用。

它能够探索人口经济密集地区优化开发新模式，调整优化"京津冀"城市布局和空间结构，培育创新驱动发展新引擎，具有重大现实意义和深远历史意义。可以说，雄安新区被赋予了很高的历史地位和战略地位，可以说，雄安新区就是"重大 + 历史性 + 战略"的集合体。

从纵向看，雄安新区对标深圳和上海浦东，很多媒体都将雄安新区称之为千年大计和国家大事。

从横向看，雄安新区对标通州，这两个新区就像鸟的双翼，能把北京丰饶的资源转移和疏导出来。

从规格上看，雄安新区堪称一个国家级战略，就连它的规划建设

工作座谈会都是由国家领导人亲自主持的，可见雄安新区的规格已经上升到最高的地位。

改革开放以来，深圳经济特区和浦东新区都有力地推动了珠江三角洲和长江三角洲地区的经济发展。雄安新区的地位将和深圳经济特区和上海浦东新区一样重要，这也和"京津冀"协同发展的背景密不可分。

"京津冀"协同发展是国家发展的重大战略。从这个角度看，它们需要有一个重要的引擎引领整个地区。同时，中国已经成为世界第二大经济体，这也意味着我国面临着巨大的压力和挑战——人口经济密集区该如何优化开发。

"京津冀"协调发展，首先需要疏解北京的非首都功能。此次雄安新区会作为集中疏解的承接地，这种模式将给中国很多区域的疏解及承接起到示范作用。由此看来，雄安新区肩负着打造新的经济增长极以及解决"大城市病"问题的双重责任，其重要性不言而喻。

要知道，北京和天津与雄安新区相距100公里左右，雄安位于京津冀腹地的区位。东西侧有国道、高速公路、铁路线。整个这片区域属于平原，土地的可利用性很好。此外，雄安新区的环境容量相对较大，有非常秀美的生态环境做基础，为下一步聚集人口和产业提供了不可或缺的自然条件。

除了设立雄安新区外，推进京津冀协同发展的另一项重要举措是规划建设北京城市副中心，两者被看成是北京新的两翼。作为疏解北京非首都功能集中承载地的雄安新区，和北京城市副中心有很大区别。

对于雄安新区而言，既然是承接非首都功能，那么，一些与中央政府关系不大的，比如高等院校、科研院所、大型企业、金融中心等，这些都可以成为迁到雄安新区的潜在对象。

若想把高级人才吸引过来并且留在雄安新区，就一定要搞好软件建设和公共服务。因此，雄安新区应该参照通州的规划，大量北京的优质教育、卫生、养老等资源，将从北京转移到这里来。

为了吸引企业进入，参照当年的深圳特区和浦东新区的政策，大量的优惠政策和国家投资也会蜂拥而来。雄安是未来的新热土，必然会给中国经济带来无限的发展机会！

第四篇

人生大事中的经济学

第一章
楼市经济学——房地产泡沫到几时

羊群效应助长楼市的疯狂

　　王大爷是一名退休工人，平常没事做，就在家遛遛弯、逗逗狗，日子过得十分舒坦。但最近一年，王大爷又多了一件事，在遛弯逗狗的同时，王大爷还四处打听楼盘的价格。因为王大爷的大孙子已经到了结婚的年纪，买房也成了王大爷的一件心头大事。

　　面对王大爷要买房这件事，一起遛弯谈天的老邻居意见不一。有的人认为现在房子的价格正在上涨，何不等到房价下降了再去买呢。大部分人则认为现在房价还没有涨到高点，早买还能等着房子升值。关于房价上涨的问题，王大爷早就已经详细研究过。王大爷对老邻居们说道："这个房子啊，就得要等到涨价的时候买，千万不能等到跌价的时候再买啊。"

　　听到王大爷的话，赞成买房的邻居也齐声附和："是啊，涨价时买还能赚钱哩！"不赞成买房的邻居中有人也开始改变自己的观点。即使是这样，邻居们依然分成了意见不同的两拨。当王大爷家买完房子之后，房价依然在上涨，这时不赞成买房的人开始变得越来越少，最后大多数人都认为房价上涨的时候买房是一种正确的选择。

那么面对房价上涨，究竟应不应该买房呢？事实上，市场中的大多数购房者都与王大爷家一样，选择在房价上涨的时候买房，而不是在房价下跌的时候买房。结果是房价越涨，买房的人就越多，买房的人越多，房价涨得就越快，这究竟是怎么一回事呢？

房价越涨越高，买房的人也越来越多，这种现象让不了解经济常识的人感到有些不解。面对近几年中国楼市的疯涨，中国的消费者呈现出一种迎难而上的气魄，越是涨价越要买，结果买的人越来越多，房子的价格也就越长越高。实际上楼市的疯狂发展与人们的蜂拥购买真的有直接关系吗？要想知道这个问题的答案，我们需要首先认识一个经济学中的重要概念。

羊群效应是指个人的观念或者行为由于真实的或是想象的群体的影响或压力，而向与多数人相一致的方向变化或发展的一种现象。这种效应往往表现为在一定的环境中，少数人对于那些长期占有优势地

基于代理人报酬的羊群效应

基于委托代理人名誉的羊群效应　　　　由于信息相似性产生的类羊群效应

羊群效应

基于委托代理产生的羊群效应　　　　由于信息不完全产生的羊群效应

位的意见和观念的接受和认可。这些人会慢慢否定自己的意见，同时放弃自身主观思考的能力。

在羊群效应中，群体的意见在很大程度上将会影响最终的理性判断。在经济学中，羊群效应更多的是指市场上存在的那些还没有形成自己的预期或者还没有获得相对准确的信息的投资者，他们往往会根据其他投资者的行为来改变自己的理念或者行为。

如果从心理学方面去认识羊群效应，可能更容易让大家所理解。羊群效应也可以理解为一种从众效应，是人们的一种从众心理。看过羊群的人可能对这一点理解得更为深刻，羊群作为一种松散的组织，如果其中有一只羊做出奔跑之类的动作的话，整个羊群都会跟着一起乱起来。当羊群中有大多数羊冲向一片草地时，剩下的羊也会跟随而去，而不管草地上是不是有什么危险存在。

理解了羊群效应，我们在认识羊群效应对于楼市价格疯涨这个问题时就显得简单得多了。关注房地产市场的人会发现，在房价上涨的那段时间中，无论是电视媒体还是平面媒体，全都在鼓吹类似"房价上涨，打工者买不起房""房价上涨，买房赚到大钱"之类的消息。更不要说这些消息在互联网平台上面的传播了，可以说在那时，每个人的朋友圈中都会或多或少地出现房价上涨的消息。

这会产生一个什么样的现象呢？首先我们需要认清的是新闻中所提到的房价上涨现象确实存在，但是这种现象当时仅仅局限在一些一线发达的城市中，而并不是全国各个城市的房价都出现了上涨的趋势。这种房价上涨的趋势是否会持续下去，是否会逐渐传播到全国各个城市中，都还是没有一个确定结论的事情。

当随着各种不同类型媒体的"狂轰滥炸"，很少有消费者回去仔细分析现象中蕴含的本质，而每一个看到这些消息的人都会出现一种印象，那就是"全国的房子都在涨价，有人买房一年中赚到了不少钱"。所以这一时期，在人们的眼中，房地产市场俨然成了一块新的淘金圣地。

当个体与个体之间进行信息交流之后，因为接收到的是同一种信息，所以这些人会形成一个群体，这一群体持有的观点就是前面所说的那些。然后当有某些个体因为没有受到媒体宣传信息的影响，而持有不同的观点时，他便会受到群体的"群起而攻"。久而久之，这些个体将会渐渐被群体所同化，从而改变自己的理念和行为，成为群体中的一部分。

这样一来，楼市中的羊群效应便形成起来，而当这些羊群中的个体将理念变为行为之后，那么前面所提到的房价上涨的趋势便会开始持续下去。因为市场上的需求量开始不断上升，房子的数量毕竟是有限的，房价将会在人们的需求中一路走高，从而将原本并不确定的房价上涨趋势，变为一种实际存在的现实。

现在我们回到最初的问题，为什么房价越是上涨，买房的人越是不断增多呢？在这之中存在着一个消费者对于未来的预期，也就是像上面故事中的王大爷一样，很多消费者认为房地产的价格还会继续上涨，所以在上涨阶段进行投资是一件正确的事情。这之中有一种消费者的预期心理在起作用，如果房价开始不断下降，那么选择购房的人也会随之减少，因为这时在大多数消费者的预期中，房屋的价格还会继续下降。

当然，我们不能仅仅从羊群效应来解释当前中国楼市的疯狂发展现象，但不可否认的是，在很大程度上，羊群效应助力了中国楼市的疯狂发展，造就了今时今日的中国房地产市场。

银行信贷与房价的关系

刘梅最近正在为贷款买房的事情发愁，虽然早就已经和男友领了结婚证，但因为没有房子，所以婚礼一直没有举办。但眼看着房价不断上涨，刘梅和男友也愈发着急。两个人商量着用家中的积蓄来贷款买房，双方父母也都点头同意了，但恰恰在前一段时间，银行的贷款利率升高了。

这一变化让刘梅和男友感到措手不及，这样一来，自己又要多花费一些金钱。刘梅和男友经过一段时间的思考之后，最终决定暂时搁置贷款买房的计划，他们相信贷款利率早晚会重新降下来。

王总最近也有一件发愁的事，银行贷款利率提高之后，自己的房地产生意明显不好做了。贷款难了，买房的人少了，王总的楼盘也冷清了许多。王总把握不好什么时候银行的贷款利率能够降下来，所以虽然现在楼盘的价格依然在高位，但说不准什么时候就要降价销售了，具体也要看看其他同行准备什么时候行动。

影响房价的因素有很多，其中银行的信贷政策就是一个重要的因素。虽然这一因素对于房价有着重要的影响，但大多数消费者对于这一点却并没有特别关注。其实关注银行信贷政策的变化，不仅影响着消费者可以从银行贷款到多少钱进行买房，很多时候还影响着房价的发展趋势。这一点，很值得消费者去认真关注。

从上面的故事中，我们可以发现，无论是作为购房者的刘梅和男友，还是作为销售者的王总，都会受到银行信贷政策的影响，从而做出不同的应对措施。实际上也确实如此，银行的信贷政策与房地产市场的发展有着密切的关系。银行通过为房地产企业和个人购房者提供资金支持，从而影响房地产市场的供给与需求之间的变化，最终影响房地产的价格。

银行的信贷政策在对房价造成影响之后，并不意味着这之间的关系便中断了。二者之间的关系实际上是相互作用的，前面提到的只是银行的信贷政策对于房价的一些影响，而反过来房价的高低变化也会受到银行信贷政策调整的影响。房价的剧烈变化将会对金融市场的平稳发展造成冲击，银行则需要适时调整自身的信贷政策来减少房地产对于金融市场的冲击，从而最终维护整个金融市场的稳定发展。

详细了解银行信贷政策与房价之间的关系，我们需要从下面所提到的三个方面出发去进行分析。

第一，从银行信贷对于房地产企业的影响说起。我们知道房地产企业是通过向银行申请房地产企业贷款来进行房地产项目的开发和建设的，而且这笔资金也是其最为主要的资金来源。那些以为房地产企业会完全使用自己的资金进行房地产开发的人，如果认清了这个问题，可能就会更好地理解房价受银行信贷影响而发生变化的问题了。

这里还有一个什么问题呢？就是房地产企业与个体购房者之间的关系问题，其实这种关系与市场上卖猪肉和买猪肉的商家和消费者是差不多的，但具体来说，还有一定差别。

首先，由于在之前中国的房地产市场始终处于一种"供不应求"的状态，而随着城市化进程的加剧，房地产市场扩大之后依然难以满足强大的购房需求，所以在这一方面，房地产企业便占据了一定的定价优势。

其次，房地产市场具有很强的垄断特征，虽然在一个地区有很多楼盘可能同时开盘，但仔细一看，都是一家房地产企业开发的。相较于庞大的市场，房地产企业的数量比较少，而且作为购房者来说，又没有办法去详细了解房地产企业之间是否在定价方面存在某种合作关系。从整体上来说，在房地产市场中，房地产企业和购房者之间存在着一种天然的不平等关系。

最后，既然存在着这种天然的不平等关系，那么在议价方面，购房者必然也处于一个不利的地位。那么购房者是不是就没有办法改变这种不平等的关系，从而增强自己的议价能力呢？事实上，消费者完全可以扭转这种不利的局面，但很多时候这种情形很少发生，原因就是存在着房地产企业的贷款。

购房者想要获得平等的议价能力的一个重要途径是通过持币观望等方式对房地产企业造成财务压力。购房者将钱攥在手中，市场上的购房需求减少。对于房地产开发企业来说，成交量减少就意味着可供后续开发的资金不足，房地产开发企业将会陷入到财务危机中。这时它就只能通过降低楼盘的销售价格来促进销量、回收资金，从而缓解自身的财务压力。

前面我们提到了因为房地产企业贷款的存在，消费者想要通过上面的方式来提高自己的议价能力是很困难的。因为房地产企业可以通过房地产企业贷款来获得资金维持自身的正常运转，所以购房者很难通过推迟交易等方式来对房地产企业造成威胁。

银行为房地产企业所提供的房地产企业贷款的多少，还将会对房价造成不同程度的影响。当银行减少贷款的比例时，对于购房者来说就是有利的，房地产企业将会通过降价来缓解自身的财务压力。如果银行增加贷款的比例的话，那么很可能会促使房地产企业通过囤积土地或延迟竣工的方式来抬高房价。

第二，从银行信贷对于个人购房者的影响来说。这一点相对容易理解一些，当个人购房者能够获得更多的个人购房贷款时，很多人会选择买房，这也就增加了这一时期房地产市场中的需求量，所以房地产的价格将会因为需求增加而上涨。可能很多人会有疑问：房地产市场需求增加的这一时期，市场中的供给难道没有增加吗？

当然有增加！但是房地产由于其特殊的属性，所以短期之内供给并不会出现如需求那样的快速增加。因为房地产需要一定的建设周期，所以很难在短时间内完成库存的调整。而另一方面，土地的供应量还会影响房屋的建设。所以从整体上来说，房地产的价格在短期内还是主要受到需求变化的影响。

第三，房地产价格对于银行信贷政策的影响。正如前面提到的一样，虽然房地产对于大多数购房者来说更多地表现为一种居住属性，但实际上，房地产同时也是一种投资产品。在这一方面，房地产价格的剧烈波动将会影响整个金融市场的稳定，而为了减少房价波动带来的冲击，银行就需要调整自身的信贷政策了。

从上面的介绍可以看出，银行的信贷与房价有着密切的关系。所以对于购房者来说，多关注银行信贷政策的变化，有利于在购房时做出正确的决策。购房者不仅需要关注个人购房贷款的变化，还应该关注房地产企业贷款的变化，从而理性地对房地产市场做出判断。

超高租售比，高房价的尴尬经济学问题

李挺毕业之后在厦门打拼了几年，虽然已经积累一笔不小的财富，但高额的房价对于李挺来说依然是可望而不可即的。无奈之下，李挺只得继续选择租房住。从毕业之时起，李挺就来到厦

门工作，虽然当时厦门的房价并没有现在这么高，但那时因为工资比较少，所以只能选择租房住。

工作了几年之后，李挺依然在租房住，唯一有变化的是自己能租的房子越来越好了，但买房始终是一个遥远的事情。不仅李挺一个人有这样的想法，李挺周边的同事和朋友都选择租房而不是买房，这是因为相比于不断上涨的高房价，房屋出租的价格却并没有出现太大的上涨。

中国的房地产市场很难用一个经济学原理来解释，对于经济学家来说，想要解释清楚中国的楼市也是一件很难的事。在讨论房价问题时，大多数人会将注意力放在个人收入和房价的关系上，从而根据供求关系来判断房价走势。很少会有人从房屋租金的角度去看待房价变化的问题。

其实在这里有一个经济学的概念，它可以更好地帮助我们理解房租和房价之间的关系，那就是房屋的租售比。听到这个概念，大多数人会认为它只是房屋租金和售价之间的比例。但实际上，租售比指的是每平方米建筑面积的月租金和每平方米建筑面积的房价之间的比值，或者也可以理解为每个月的月租与房屋总价的比值。

房屋的租售比是用来衡量一个地区楼市运行是否良好的一个重要指标。一般来说，国际通用的标准是1：200—1：300。这一比值越高，说明房价的投资价值越大。这个该怎么去理解呢？根据上面的定义，按照每个月的月租与房屋总价的比值来理解的话，当这个比值为1：400时，需要400个月才能够收回购房所花费的成本。

简单地来理解上面的问题，同样一座房子，如果从租房赚取收入的角度来考虑的话，当房租固定时，花费最少的时间收回买房的钱肯定是一个最佳的选择。所以就是说，房屋的租售比越低，这座房子的投资价值也就越高，因为投资者可以用更少的时间来赚回成本。

上面提到的当一个地区房屋租售比大于国际通用的标准时，这个地区的房地产就具有很大的投资价值。当这个地区的房屋租售比小于国际通用的标准时，这个地区的房地产投资价值就会变小，这也可能意味着这一地区的房地产市场出现了泡沫。

了解了房屋租售比方面的内容，可能对于文章开头的故事会有一个更好的了解。李挺之所以选择在厦门租房住，不仅是因为厦门的房价水平比较高，房租水平相对较低也是一个重要因素。这样产生的一个结果就是厦门地区当时的房屋租售比将会非常低，而且远远低于国际的通用标准。这一时期，当地的房地产投资价值同样是比较低的。所以李挺和同事们更多地选择租房住，而不是买房。

在近几年来，我国不少城市出现了房屋租售比出现了极大的变化。以上海和北京为代表的一些一线城市，虽然房价在逐年攀升、屡创新高，但同时这些地区的租金水平却并没有随之相应升高，甚至在一段时间内，这些地区的房屋租售比已经达到了 1 : 600，甚至是 1 : 700 的程度。基本上，在这一时期这一地区的一套房子如果出租的话，需要至少 50 年才能够收回成本。

房屋租售比是衡量楼市运行是否良好的一个指标，虽然并不能单纯地将租售比作为衡量楼市的一个唯一标准，但从这一指标中也可以看出这些地区房价与租金相背离的现状。

不仅是在这些一线城市中，在我国大多数重点城市，近几年房屋的租售比都呈现出了持续走低的现象。在这之中，住房需求的增加促使房地产价格持续上涨是一个重要的原因。之所以房屋租金价格没有随之增高，主要是因为居民购房投资看重的往往是房地产价格的高速增长所带来的收益，而不是依靠租金来获得收益。

从房屋租售比的持续下降也可以看出，当前我国房地产市场正处于一种不算健康的发展状况中。仅仅是房价的走高也就会增加房地产市场的投资风险，同时也会对我国的整体经济环境造成一种不良的影响。所以无论作为投资者，还是政府部门，都应该时刻警惕房地产市场中出现的各种问题，以防真正出现难以挽回的巨大危机。

新政策下房价的走势

"房价要下降了！"一大早，活动中心的人就听到大嗓门的李大妈的声音。

"降什么降，你又是在哪里得到的消息。"大家用怀疑的语气反问李大妈。

"新闻上都说了，这次准没跑了。"李大妈言之凿凿的样子，让大家有些诧异。

在老年人活动中心里，李大妈是出了名的"消息通"，没有什么消息是她不知道的，也没有哪一个人能够比李大妈先得到消息。一方面是因为李大妈拥有着庞大的朋友圈，另一方面李大妈也是电视新闻的忠实观众。虽然李大妈没有什么专业知识，但是对于电视新闻说的，无论是政治还是经济方面的内容都能够略知一二。

这一次已经是李大妈第三次带来"房价下降"的消息了，因为前两次都没有实现，所以这一次大家对于李大妈的消息持有严重的怀疑态度。但用李大妈的话说，前两次是因为朋友说的房价要下降，所以消息可能并不靠谱，而这一次是"国家"说的，所以肯定可靠。

原来前一天，李大妈在新闻中看到了播出的房屋限购新闻。李大妈第一时间将这个消息传播到了自己的朋友圈中，大家议论纷纷，最后都认为房屋的价格将会因为这些政策而下降，所以李大妈才同样确信房屋的价格这一次肯定会下降。但即使如此，活动中心的人依然对于李大妈这种论断表示怀疑。

面对近年来房地产市场的疯狂发展，我国政府出台了许多不同的政策措施，用以调节房地产市场中出现的各种问题。虽然在短期内可能看不出明显的效果，但实际上，在一个较长的时期内，这些政策将会对中国的房地产市场产生深远的影响。

对于像李大妈一样的普通群众来说，看到新闻中提到政府出台政策调控房地产市场，便认为房价将会出现下降的想法是并不正确的。正如市场经济中的其他商品一样，其价格变化需要符合经济发展的客观规律，而政府的宏观调控更多的是一种辅助措施，并不能从根本上扭转经济运行的前进规律。

但不可否认的是，政府强有力的宏观调控政策将会促进房地产市场不断趋于稳定，从而弥补市场自身所具有的一些缺陷，维持社会经济的稳定发展。近年来，政府在多次不同会议上对于中国的房地产政策做过很多具体的描述。

在2016年的中央经济工作会议上，对于房地产政策的表述是：要坚持分类调控，因城因地施策，从而重点解决三四线城市房地产库存过多问题。要把去库存和促进人口城镇化结合起来，提高三四线城市和特大城市间基础设施的互联互通，提高三四线城市教育、医疗等公共服务水平，从而增加对农业转移人口的吸引力。

在政府工作报告中，对于房地产政策的表述则是：加强房地产市场的分类调控，房价上涨压力大的城市要合理增加住宅用地，规范开放、销售、中介等行为，从而遏制热点城市房价过快上涨。坚持住房的居住属性，落实地方政府的主体责任，加快建立和完善促进房地产市场平稳健康发展的长效机制，健全购租并举的住房制度，以市场为主满足多层次需求，以政府为主提供基本保障。

从这个不同时间的政府政策可以看出，现在我国的房地产政策的重点已经从"去库存"转变为"稳定房地产市场"。在政府工作报告中，建立房地产市场的一个长效机制，保持房地产政策的连续稳定性，以及稳定当前房地产市场的发展成为了当前房地产政策的主要发力点。而这些在政策的变化上也并不仅仅体现在表述方面，更多的是政府对于房地产市场调控的侧重点发生了变化。

其实从前几年政府出台调控政策之后，一些地区的房地产市场的确产生了很大的影响。一些地区的房地产市场销量出现了明显的下降，某些城市的房价也出现了下降的迹象。但随着"去库存"等其他政策的执行，三四线城市却出现了房价暴涨的现象，这让中国的房地产市场又出现了新一轮的上涨趋势。

在政府工作报告中，政府将房地产市场的调控重点放在了"稳定房产市场"上，这也意味着"去库存"周期的结束。面对新政策的出台，我们可以看到中国房地产价格上涨的趋势得到了遏制，房价增速下降并且趋于放缓，房地产市场的火爆趋势也开始逐步降温。

正如前面所说的一样，中国的房价能否出现下降，取决于多方面因素的共同作用。政府的宏观调控措施只是其中的一个影响因素，最终对于房价起决定作用的还是供求关系的变化。所以对于购房者来说，关注房地产政策的变化也是十分重要的。

第二章
教育经济学——读书无用是谬论

北大学子卖猪肉，读书真的无用吗

2000 年，北京大学中文系毕业的陆步轩开始了自己的屠夫生涯。从这一年开始，陆步轩拿起切肉刀，正式开始卖猪肉。陆步轩的举动引来了全社会的关注，各种舆论甚嚣尘上，有褒有贬。但陆步轩并没有在意这些，依然继续着卖猪肉的生活。

虽然已经远离文字工作，但陆步轩依然没有放下自己手中的笔。只不过这时陆步轩笔下更多的是关于屠夫和猪肉的内容，而不再去谈那些远大理想和功成名就的事。2009 年，陆步轩与同是北大毕业的陈生合办"屠夫学校"，陆步轩开始着手编写"屠夫学校"的教材，利用自己多年积累的实践经验，陆步轩的教材包含了市场营销学、营养学、烹饪学等多个学科的知识。

2011 年，陆步轩的《猪肉营销学》讲义写作完毕，他又开始了自己的"屠夫教师"生涯。2016 年，陆步轩又将自己的产品搬到了互联网平台上进行销售，继续着自己的卖猪肉生涯。在回到母校做演讲时，他曾说："我给母校丢了脸、抹了黑，我是反面教材。"但更多的人都如北大老校长许智宏那样认为："北大学生可以做国家主席，可以做科学家，也可以卖猪肉。"

陆步轩卖猪肉的故事已经流传很长时间，之所以会引发社会的强烈反响，主要是因为作为北大毕业的高材生，反而去卖猪肉，这违反了人们头脑中的那条旧有的观念。在中国人的固有观念中，"士"在所有阶层中排在最上面，而后才是"农、工、商"等其他阶层。"学而优则仕"更是中国人的一种传统思想，所以按照正常的思路来说，陆步轩所走的路是错误的。

北京大学作为中国数一数二的重点学府，由这里走出的学生即使不能每一个人都创造一番功业，但至少也不应该沦落成为一个卖猪肉的。这不是将自己多年来所学的知识全部浪费了吗？陆步轩头顶着北京大学的光环，却在街坊之间卖猪肉，这种反差也是大大超出了人们的心理预期，所以才引发了如此大的社会影响。

难道到了现在这个社会，还是要像旧社会一样将各种职业分出高低吗？当然不是，现在社会讲究的是人人平等，职业不分高低贵贱。其实从经济学的角度来说，陆步轩所做出的这一步选择也并没有错误。

在经济学中，每一个人都是理性的经济人，在进行选择和决策之前都会仔细考虑让自己的利益最大化。陆步轩之所以选择去卖猪肉也是出于这样的一种选择，在当时因为工作上并不如意，陆步轩需要为自己找到一条出路，既然卖猪肉能够获得更高的经济利益，那么为什么不能去尝试呢？

很多人质疑陆步轩去卖猪肉是白费了北大对他的教育，但实际上，如果没有北大的多年教育，陆步轩的猪肉生意也不会做大做强。正是凭借在北大学到的知识，陆步轩能将养猪、杀猪、卖猪中积累的经验整理成一本本图书，从而让更多的人可以系统清晰地认识到这个行业。

陆步轩之所以会感觉自己为母校抹了黑，主要是因为前面所说的一种中国人旧有的传统思想。在现在的市场经济环境中，只要是能够合理合法地创造经济效益的行业，都应该被提倡。

与陆步轩一样，陈生也是北大毕业的高材生。在毕业之后，陈生从稳定的体制中走了出来，他从事过各种不同的行业，最后与陆步轩一样走上了卖猪肉这条路。陈生走的是一条商人的道路，而陆步轩则从普通的屠夫之路开始走起，当两个人最终汇聚到一起时，"屠夫学校"和"壹号土猪"便应运而生了。

陈生以商业化的视角进行猪的养殖、猪肉的加工和销售，陆步轩则依靠自己的知识和经验编写了一本本猪肉屠宰的相关教材，并亲自担任"屠夫学校"的老师。现在的"屠夫学校"中，高学历的学生比比皆是，人们对于"北大学生卖猪肉"这件事，似乎已经转变了自己的态度。

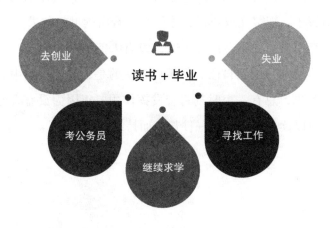

现在我们再回到对于读书是否有用的讨论中，"读书有用吗？"在陆步轩刚刚开始卖猪肉时，大多数人会认为读书并没有什么用，即使读到了北京大学，出来之后依然找不到工作，只能去卖猪肉。而当陆步轩的猪肉生意成功之后，读书似乎又变得有用了。如果陆步轩没有读过书，可能他一辈子都只是一个屠夫，而不会从屠夫一步步成为商人，成为"屠夫学校"的老师。

很多刚刚大学毕业的学生可能都会有这样的经历：在毕业之后，一些专业的毕业生在找工作时会遇到很多的困难，即使找到了工作，在最初几年的工资也是很低的。而那些同年纪没有上过大学的朋友，很多人都已经依靠自己的努力赚到了买房买车的钱。看着自己拿到的微薄的月工资，"读书无用"的思想渐渐开始萌芽。

其实这个故事完全没有办法证明"读书无用"这个论调，如果刚刚毕业的大学生和那些已经工作了几年的技术工人相比，可能在工资上还要少一些。但如果从长远来看，大学生因为在知识储备方面的优势，在未来的发展中将会具有更大的发展空间，而且随着经验的增长，这种知识水平将会转化为职业技能，从而为企业创造更多的经济价值。大多数技术工人因为在知识水平上并不如大学生，所以未来的发展潜力也相对较小。把眼光放长远，才能真正看出读书的效果。

读书有用，但并不会用在一时，没有人能够确定自己学到的知识将会在什么时间帮助到自己。但不可否认的是，我们头脑中的知识并不会凭空消失，总有一个时刻将会发挥作用。正因为没有人能把握这个时刻，所以读书更应该是一件长久而持续的工作。

读书是最有价值的投资

李先生在一家金融机构工作，但对于金融投资，李先生却并不热衷。邻居知道李先生在金融机构工作，每次都会询问李先生一些投资问题，"什么时候买股票好""应不应该买这只股票"。李先生对于这些问题往往都是莞尔一笑，不作回答。

李先生平时很少进行投资，虽然在金融机构工作，但李先生更喜欢将资金放到银行中。如果说李先生认为哪个方面最值得投资的话，可能就是自己女儿的教育问题了。李先生在这一方面从来都很舍得花钱，女儿对哪个兴趣班感兴趣就报哪个兴趣班，喜欢什么运动就带女儿学习什么。

特别是在读书方面，李先生从女儿很小的时候就开始向她灌输读书的好处，每周休息日都会陪女儿一起读书。从最初的画册到小短文，看到女儿越来越喜欢读书，李先生感到十分欣慰。

李先生认为读书对于一个人来说十分重要，当年自己学习的是哲学专业，在毕业之后找工作遇到了一些困难。但由于在大学时期对于经济学很感兴趣，所以自己阅读了很多经济学方面的书。毕业后，因为一时间找不到工作，李先生决定考研，经济学成为他的首选。因为之前看过很多这方面的书，李先生在考研时显得很轻松。也正因如此，他才有了现在这样稳定的生活，所以这个读书的习惯，李先生一直保留到现在，他也希望这个习惯能够传递给自己的女儿。

　　如果你问一个经济学家什么是最有价值的投资方式，经济学家可能会在犹豫再三之后，也没有办法给你一个明确的答案。而当你问一位文学家，什么是最有价值的投资方式时，他可能就会毫不犹豫地回答你。不过，他的答案是读书，但你可能对这个答案并不满意。

　　读书是最有价值的投资？根据在哪里？又有哪些成功的案例？事实上，还真的没有人单单依靠读书来获得成功，但那些获得成功的人却都或多或少地在读书中找到了助力。其实，在现实生活中，已经有越来越多的人开始将读书作为自己的一项兴趣爱好，而更多的父母也开始越来越愿意为子女在教育方面花钱。虽然这种投资基本上看不到实质性的收益，但实际上，这种投资所获得的收益往往是最巨大的。

　　前面故事中的李先生不仅自己对于读书有着一个正确的观点，同时对于子女的教育方面也是十分看重。相比于具有风险的金融投资，李先生更加看好对于子女的教育投资。李先生的这种做法也恰恰符合经济学中的一些重要原理。

　　首先从风险和收益的角度来说，经济学上，风险与收益往往呈现出一种正向关系。一般来说，收益越高，所需要承担的风险也就越高，而随着收益的降低，相应的风险也可能会随之降低。在经济投资中，

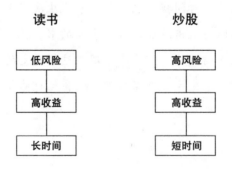

风险与收益之间的这种关系表现得更加明显。

选择不同的投资方式，风险和收益往往也是不同的。在众多投资方式中，股票投资的收益往往最大，但同时购买股票所需要承担的风险往往也是比较大的。银行储蓄虽然获得的收益要远小于股票投资，但是从风险性上来看，银行投资也是更为稳定、风险更小。在大多数经济活动中，风险和收益往往呈现着正向关系。

那么既然这样，如果把读书和教育作为一种投资方式放置在经济活动中，投资者所需要面对的最大风险就是自己投入的资金会消失不见。事实上，投入到读书和教育中的资金确实会很难再找回来，但从收益上来看，投资者所获得的收益也很可能是极大的。虽然这种收益没有办法在短时间内显现出来，但这种收益将会伴随投资者的一生，并对投资者的未来发展造成很大的影响。

在经济学中，还有一个重要的概念可以用来说明读书具有重要价值。在经济学的假设中，每一个人都是理性的"经济人"，每一个人都希望能够通过付出最小的代价来使自己的利益最大化。

如果就读书而论的话，从投资上来说，这可能是投资最少的一项经济活动了。那么从收益上呢？读书对于一个人的影响大多是潜在的，它会影响一个人的思考方式、行为方式以及人生观和价值观，而这些正是一个人做出决策、展开行动的关键。也就是说，读书让一个人的经济行动有了一个科学的指南，当人们从读书中获得的知识信息越多、越充分时，人们的行为决策就越正确，而在正确的决策之下，获得最大化的利益也就是顺理成章的事了。

BBC曾拍摄了一部记录不同孩子成长轨迹的纪录片，这部名为《56UP》的纪录片选择了14个不同阶层的孩子进行跟踪拍摄，整个拍摄进程持续了49年。最终的结果引发了人们的广泛思考。

在这些孩子中，有两个孩子的家庭环境很好，就在私立学校就读，很早便开始接触《金融报》和《观察家》。小小年纪谈论的就是经济、政治方面的"大问题"。家庭环境较好的中产阶级家庭的孩子们也有一些对于未来的梦想。到了下层阶级家庭中，孩子关注的只是哪天能够不挨打，什么时候能吃上一些美食的问题。

当拍摄结束之后，富人家的孩子依然像父母一样占据着社会中的财富资源，而下层阶级的孩子依然生活得十分贫苦。更加可怕的是，他们的后代依然在继续着父辈们走过的路。

现实生活是异常残酷的。这部纪录片带给人们的结果也是十分震撼的。但在这些被拍摄的孩子中，也有人通过自己的努力改变了命运。一个名叫 Nick 的农家孩子考上了牛津大学，离开了曾经的生活，走上了更高一级的人生。

在经济活动中，富人掌握着更多的经济财富，相对于穷人来说，更容易通过投资行为来获得财富。穷人因为占据着较少的社会资源，所以往往没有办法通过投资来获得更多的财富，而这时，穷人想要改变自己的生存环境，可供选择的最有价值的投资就是读书了。

不仅是穷人，富人也需要不断地读书，因为每一个人都是理性的"经济人"，利益的最大化往往是没有极限的。

现实是残酷的，读书能够让人变得优秀，而越优秀的人则会越重视读书的重要性。读书是最有价值的投资，如果不认清这一点的话，很多人便难以改变自己所处的现实环境。

名牌大学，最有价值的资源是同学

小赵是一所重点大学的本科毕业生，但即使如此，小赵在毕业之后的找工作阶段依然遭遇到不少挫折。为了尽快找到一个稳定的工作，小赵只得降低自己对薪酬待遇的要求标准，最终勉强找到了一份工作。

在工作的半年时间里，小赵过得并不顺心，不仅受不到领导的重视，同时公司还经常无意义地加班。毕业之后回到家乡，小赵与之前的大学同学已经不怎么保持联系了。在一次偶然的机会中，小赵遇到了自己大学时期的班长，好久不见的两个人似乎都有许多话要说，两个人一下子畅谈起来。

原来，毕业后的这段时间，班长的工作也并不顺心。与小赵不同，班长自己成立了一家影视制作公司，主要承接一些影视作品的拍摄和剪辑的工作。因为最近一段时间视频媒体的火爆，班长的工作室也接连接到了许多业务，但由于工作室的剪辑师和摄像师总是在工作中偷懒混日子，所以工作室的生意也并不好。

从班长的叙述中，小赵感觉到了班长的无奈，自己何尝不是这样呢。每天加班加点地工作，功劳都被上级包揽了，甚至很多时候明明是自己的创意，也会被上层领导占为己有。但小赵胆小老实的性格又让他不知道怎样去做，只能默默地工作，希望能够得到公司领导的认可。

在两个人的谈话即将结束时，班长邀请小赵加入自己的团队中，他清楚小赵的个人能力，虽然在人际交往方面上存在弱势，但在工作能力上是完全没有问题的。小赵一开始没有答应班长的邀请，但经过班长几次反复的邀请之后，小赵决定加入班长的工作室。

　　班长重新组织了自己的队伍，将偷懒的员工清除出了团队。小赵加入之后，不仅很快适应了工作的节奏，同时由于班长的帮助，小赵在人际交往方面的能力也得到了很大的提升。没多久，小赵就成了工作室的主要负责人之一。小赵也找到了自己擅长的工作领域和未来的努力方向。

　　上大学能给你带来什么？很多人会从专业知识、实践技能等方面去回答这个问题，也有些人会想到大学能够革新自己的人生观和价值观，但很少会有人想到，上大学可能会为你的未来人生带来一个新的出路。当然这里所说的"出路"与我们一般来说的上大学之后有出路可不一样。

　　这里所说的"出路"正如上面的小故事中讲的一样。小赵在大学毕业之后的工作并不顺利，他希望需要找到一个能够发挥自己能力的舞台，但由于自己在人际交往方面的不足，找到一个称心如意的工作又成为一件难事。这时对他伸出援手的正是在大学时期的班长。在小赵看来，班长为自己提供了一个展示自己的平台，同时还帮助自己弥补了一些在人际交往方面的缺陷。对于班长来说，小赵的到来也为工作室提供了发展的助力，为自己提供了帮助。

　　上面这种存在于同学之间的关系，并不仅仅是个个例，在当今社会中，不少项目的成功正是由于同学之间的相互支持、相互合作。这种同学之间的相互合作关系现今被人们称为"同学经济"。

　　"同学经济"被认为是一种诚信、可靠、互补的经济，同时也是一种互相推动、相互制服和共同发展的经济。这个概念最早是由浙商置业股份有限公司的董事长俞飞跃在其论文中所提出的。几年前，"同学经济"还只是一个并没有受到多少人认可的一个概念，而现在，"同学经济"已经渐渐发展成为经济的一种全新势力。

据统计，如果将麻省理工学院校友和教师创建的公司组成一个独立国家的话，那么这个国家的经济实力将会排在全世界的第 24 位，可以想见这是多么庞大的一个经济体。而中国许多名牌大学都推出了自己的 EMBA 培训课程，参加这些课程的人往往是当今社会的精英人士，而这些精英人士在这里汇聚成为一个互帮互助、共同富裕的小圈子，对于每个人来说都将是一个不小的机遇。

哈佛商学院的一位教授曾说："哈佛可以为同学们提供两件工具，一个是在学校学习到的对全局的综合分析判断能力，另一个则是哈佛强大的、遍布全球的校友网络，而这一工具可以在各行各业中都为他们提供宝贵的商业信息和支持。"

事实的确如此，在哈佛商学院漫长的发展历史中，曾经走出的校友大多已经成为各行各业中的精英，而这些精英在团队精神的引导下，将会形成一个强大的人脉关系网络。基于这一网络，每一个身在其中的人都将会获得相应的利益。

资金与项目合作　　上下游产业合作

资源共享　　同学经济　　人才流动

　　对于许多参加各个名牌大学 EMBA 课程的人来说，学习系统的管理知识是重要的，但更为重要的是这里为自己提供了一个平台。在这个平台上搭建起来的人脉体系，所蕴含的价值往往要高出其他方面积累起来的人脉。在积累黄金人脉的同时，很多人还可以在这里找到自己生意上的合作伙伴，找到自己公司所需要的人才，甚至还可以找到自己的客户资源。

　　可以想见，即使不是在 EMBA 管理培训班，在各个名牌大学中，所积累起来的人脉资源也是具有很高价值的。同学之间由于信任关系，在合作方面会存在着很大的优势，合作双方不会因为互相不熟悉而产生不必要的麻烦。同学的群聚效应也会让合作变得更加简单，不同领域的同学在合作中互补互助，从而在合作中获得共同发展、分享合作带来的经济效益。

　　北京大学经济学院教授曹和平认为，"同学经济"是一种企业整合的新形式，同时也是我国中小企业应对国际竞争的一个新出路。"同学经济"不仅能够解决企业对于人才的需求，同时众多企业联合生产所形成的规模效益也是十分可观的，对于经济发展产生重要的影响。

　　"同学经济"的基础是诚信、互利，如果不从诚信互利的角度出发，而单纯想要利用同学之间的亲密关系来谋取利益，最终将会损害整个团队的经济利益，同时也将会对自身造成负面的影响。虽然每个人都希望能够获得最大的经济利益，但在"同学经济"中，只有诚信合作才是最可靠的合作方式。

考研人数上升背后的经济诱因

　　秦昊已经大学毕业一年多，在这一年多的时间里，秦昊并没有出去找工作，而是在家准备自己的研究生考试。原本打算先工作几年，积累一点资金之后再考虑考研的事情，但看到去年研究生考试的报考人数，秦昊的心中不由得紧张起来。

　　相比于前一年，研究生考试的人数又增加了几万人，秦昊不知道这里面有多少人将会与自己竞争相同的名额。因为工作的关系，秦昊十分看重这一次研究生考试，所以每一个可能会影响到最终结果的因素都被他考虑进去。

　　查看前几年的考研人数统计，秦昊发现每一年的人数都比上一年度有所增长，虽然幅度不大，但是可以预见往后几年，考研的人数依然会不断增加。出于这样的考虑，秦昊决定在今年就准备研究生考试，从而减少一些竞争压力。

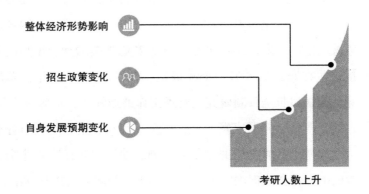

整体经济形势影响
招生政策变化
自身发展预期变化
考研人数上升

2016 年，我国研究生考试报名人数创历史新高，但各大高校的研究生招生人数却并没有随之增长。大部分参加研究生考试的人，都与秦昊一样有着同样的担忧。研究生考试的竞争压力越来越大，这对于参加考试的考生来说可不是一件好事。

在 2013 年研究生考试改革之后，国家取消了公费研究生的政策，改为使用奖学金政策，这也让近几年研究生报考人数开始不断走低。从往年的数据可以看出，近几年研究生考试的报考人数始终保持下降趋势，但 2016 年报考人数却突然增加到 177 万。这一变化趋势不禁让人感觉到意外，其实这一现象我们可以从经济学的角度进行解释。

按照这样的趋势，2017 年研究生报考的人数依然会出现增长趋势，而且增长的幅度很有可能会较大，如果从原因上来分析，具体可以总结为以下几个方面。

第一，从我国整体的经济形势来看，当前我国的经济发展面临着众多的困难。经济发展的压力较大，而国民经济的下行对于大学生的就业产生了很大的影响。随着本科毕业生人数的不断增加，社会上实际拥有的工作岗位毕竟是有限的，这样一来，就业压力必然增大。

第二，主要是研究生招生政策方面的变化。2015 年，教育部规定，2016 年不再组织在职人员攻读硕士专业学位全国联考，这便使得想要参与硕士专业学位全国联考的在职人员不得不选择参与全国统一的研究生考试。这样一来，2017 年的考研人数必然会增加，增加的人数中便包括这些在职人员。另一个政策是，教育部在 2016 年公布的《关于统筹全日制和非全日制研究生管理工作的通知》，通知规定从 2017 年起，教育部将会同国家发改委，按全日制和非全日制两类分别编制和下达全国博士、硕士研究生招生计划。此后，全日制和非全日制研究生考试招生将会依据国家统一要求，执行相同的政策和标准。

根据通知的要求，2017 年对于非全日制的考生而言，学费将会是最低的一年，而过了 2017 年，学费水平将会大幅度上升。全日制的考生因为有奖学金政策，所以学费水平则相对较低，这便会使得一些在职人员参与到今年的考研中。所以从结果上来看，考研的人数还将会继续增加。

第三，从现在大学生毕业后对于自身发展的预期角度来看。前面提到了本科毕业生人数的增加，同时也带来了严重的就业压力。那么对于大多数本科毕业生来说，提高自己的竞争力便成为一项最为重要的任务。参加研究生考试，提高自身的学历水平，则成为完成这项任务的一个重要途径。这在一定程度上导致了研究生考试报名人数的增加。

除去竞争压力之外，因为拥有较高的薪资预期，所以大多数本科毕业生对于当前自身的薪资水平并不满意。由于我国就业人员学历的普遍提高，本科毕业生薪资水平必然会出现下降，这样一来，考取研究生提高自己的薪资水平，以达到自身对于薪资的预期，成为大多数本科毕业生的一个重要选择。

从经济学的角度来分析，供求关系影响着研究生考试人数的不断增加。由于社会经济的发展，高学历成为众多企业选择人才的一个基本指标，甚至在一些企业的招聘中，最为基本的硬性条件就是硕士学历。随着企业对于高学历人才的需求，越来越多的人开始走上研究生考试的道路。

另一方面，从经济学角度来讲，本科毕业生作为一个理性的"经济人"，必然会努力追求自身利益的最大化。在他们面前，可供选择的途径并不多，参加研究生招生考试成为一个重要途径。相比于本科学历，硕士学历明显能够为他们带来更大化的利益，所以选择报名研究生考试的人数才会不断增多。

第三章
就业经济学——创业还是就业

求职难与用工荒背后的故事

在一次大型招聘会上，一位记者随机采访了一些应聘者和招聘单位的负责人，针对求职和招聘，记者得到了两种不同的答案。

记者首先采访了一位刚刚毕业的女孩，这个女孩打扮得青春靓丽，一身西装让她看起来像是一个经验丰富的职场白领。但实际上，这是她第一次参加招聘会，而且结果都并不理想。虽然面试了一些单位，但要么是工资待遇令她不满意，要么是需要到外地工作，总之在这场招聘会上，她并没有找到合适的工作。现在，她打算继续等待下一次招聘会，同时也在网上浏览一些招聘信息。

记者紧接着采访了一位中年男士，可以看出这位男士具备着多年的工作经验，从着装和举止来看，其所寻找的工作应该是高级岗位。的确如此，因为原来的工作单位离家太远，而且工资水平也并不高，所以这位男士想要找一份更具竞争性的工作，同时最好能够离自己的家近一些。绕了大半天之后，这位男士并没有看到合适的岗位，所以连一个面试都没有参加就准备离开了。

记者接下来采访了一家私营公司的人力资源总监，这家公司的招聘位前排满了人，但实际上，到现在为止，依然没有一个人通过面试官的面试。人力资源总监也感到很无奈，现在没有一点工作经验的大学生要求要比工作一两年的员工还要多。五险一金要有，福利待遇也不能少，有些学生甚至连加班都不能接受，现在的招聘工作真是不好做啊！

记者发现，现在不仅是毕业生找工作困难，企业在招人时也存在诸多困难。这样便形成了一种求职难和用工荒同时并存的现象。

求职难是当代大学毕业生所面临的一个十分严峻的问题，出现大学毕业生求职难的原因有很多，其中工作岗位的不足是其中一个严重的因素。原因真的是这样吗？从上面记者的采访中也可以看出，在现在的招聘市场上，用工荒也是一个十分严峻的问题，当然，这个问题是相对于招聘单位而言的。

为什么招聘市场上会同时出现求职难与用工荒这两种看似相互矛盾的问题呢？我们可以从前面讲的故事来看，记者在对于不同人的采访中寻找到一些答案。

对于刚刚毕业的大学生而言，找到一份与自己心理预期一致的工作是最好的结果，但对于大多数刚刚毕业的大学生而言，这种想法往往无法实现。从学校走向社会，经验成为大多数大学毕业生的一个短板，很多人认为自己在学校时学习成绩优异，所以在寻找工作时也需要一个更好的岗位进行匹配。但从招聘者那边来考虑，求职者想要仅仅凭借大学时的成绩来获得一个更好的岗位，显然是不可能的。

在招聘者这边，大学的成绩所代表的只是毕业生在大学时期的表现，成绩好的学生可能在学习能力上更有优势，但这并不代表他们在工作中具有同样的竞争力。而现在，在求职市场中的问题是，大多数大学毕业生将自己在大学时的成绩看得太重，从而认为凭借优异的成绩便可以从一个相对高的起点开始。很多时候，正如上面故事中记者的采访一样，大多数毕业生因为在薪酬待遇和其他方面的要求过多而遭到了招聘单位的拒绝。

前面所说的只是大学生所面临的求职难问题，实际上，在我国的求职人员中，还存在着多种不同的人员类型，包括下岗失业人员、进城务工人员等。每一年，我国都将会增加大量的就业人数，这便大大增加了就业的压力，就业困难问题成为社会上的一个普遍现象。

与求职难问题相悖的用工荒问题，则同样需要引起我们的关注。现阶段，我国的用工紧缺问题已经波及许多不同的行业，这是劳动力市场和企业之间的供求匹配失衡所造成的。我们继续以前面故事中记者的采访为线索来分析这种现象产生的原因。

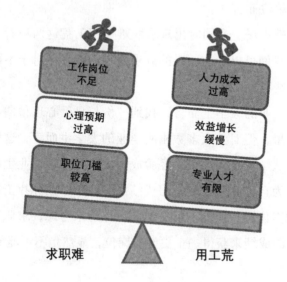

　　前面在谈求职难时，主要从大学毕业生的角度出发，而在用工荒这个问题上，我们要从招聘企业的角度去看。招聘企业招不到人，难道是因为劳动力市场中真的缺乏相应的人才吗？答案显然不是这样的。

　　我们从很多企业的招聘简章上可以看到，在面对大学生时，企业往往更加看好高学历的毕业生，甚至很多企业将自己招人的门槛就定在了硕士研究生之上，这便让大多数本科毕业生失去了参与面试的机会。虽然招聘企业的目的在于提高自己招聘到的人力资源的水平，但不可否认的是，这也让企业流失了不少招到优秀人才的机会。

　　另一方面，一些企业为了获得更多的利润，往往会选择压缩工人的工资。得不到自己应得的利益，而生活方面的压力却与日俱增，这便使得劳动者不得不寻找新的工作，从而在工资水平上缓解生活所带来的生存压力。随着劳动者维权意识的不断提高，企业想要依靠低廉的工资来获得大量的劳动力，也就成了一种幻想。正是这些因素的叠加，才造成了部分企业的用工荒问题。

　　求职难和用工荒问题的出现与我国的经济发展形势有着密切的关系，对于这些问题，虽然市场固有的经济规律将会进行调节，但政府部门仍然需要通过"有形的手"进行宏观调控。虽然我国的经济仍然保持着高速发展，但相应的制度体系却还不完善，这便导致了求职难和用工荒这些问题的出现。国家应通过完善相应的政策，对于市场中的求职者和招聘企业加以合理的引导，从而最终解决这些问题。

创业 VS 就业，风险与收益

小蔡在一家科技公司工作，主要负责编写一些 APP 程序。虽然每天的工作算不上轻松，但由于工作稳定，工资待遇也不错，所以小蔡每天的工作还算开心。但对于小蔡个人来说，现在的工资水平的确能够满足目前的生活支出需要，可基本上积攒不了多少。如果遇到一些朋友聚会，需要自己请客吃饭时，可能每个月的生活还要吃紧一些。

虽然存在着这样的问题，但小蔡并没有什么办法可以改变现在的状况。与小蔡合租的小杰却与小蔡有着截然不同的想法。小蔡和小杰是大学舍友，在工作上也是同事，现在他俩在一起合租。小杰一直想着自己毕业之后开始创业，但由于经济方面的问题，他不得不先找份工作养活自己，同时积累一些初始资金。

小杰在大学时期就喜欢组织一些活动，他组建了自己的科研团队，在校园内兜售产品。现在工作一段时间之后，小杰准备辞职开始自己创业，他很希望小蔡能够加入自己的创业团队，就像大学时期一样。但这一次，小蔡却拒绝了小杰的邀请。在小蔡看来，创业是一件不确定的事情，虽然成功之后的收益是巨大的，但其中需要承担的风险也同样巨大。小蔡自认为没有承担这种风险的勇气，所以选择继续在这家公司工作。

现在小杰和小蔡虽然仍然同住在一起，但却走上了两条并不相同的道路。他们每个人都有自己的理想，也有自己实现理想的不同方式。

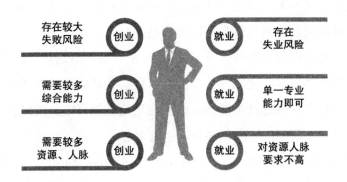

创业和就业，这是大学毕业生所面对的两条截然不同的道路。正如上面故事提到的小杰和小蔡一样，虽然在大学时学习的是同样的专业，但在大学毕业之后，选择的却是两条并不相同的道路。对于创业与就业，有太多的内容可以去介绍，但是在这里，我们忽略其他的内容，单从经济学的角度来分析一下创业与就业之间的区别。

创业与就业虽然仅仅一字之差，但其所涉及的内容却是千差万别的。有一个简单的概念可以对二者进行区分，我们可以认为就业就是一个个体去到组织中工作，而创业则是个体去创造一个组织并且不断发展组织。从这个概念中我们可以发现，创业其实可以带动就业，同时创业也是解决就业的一个重要的途径。关于这一点，在这里我们不展开讨论，而在下一节再来详细介绍。

那么对于一个个体来说，如何从经济学的角度去认识创业和就业呢？这时我们便需要借助经济学中的风险和收益来进行分析。有些人认为风险和收益只是一个用于投资领域的概念，但实际上，风险和收益分布于经济学的每一个分支中，只要是经济学所研究的对象，我们都可以用风险和收益的概念去分析。

比如，当一个人判断一件事是否值得去做时，他需要考虑哪些问题呢？可能我们会列出许多不同方面的问题，但实际上，在最终这些问题上，都可以划分为两大不同的类别——风险和收益。完成这件事需要承担哪些风险？完成这件事能够获得哪些收益？通过风险和收益的分析就可以将做这件事所涉及的问题通通囊括其中，所以在分析创业和就业时，我们以风险和收益这个概念为主。

创业风险主要是指在创业过程中可能存在的一些风险。一般来说，由于创业环境、创业机会、创业团队和创业者能力等因素，都会导致创业活动偏离原有的目标。相对来说，就业的风险比较容易理解，所以在这里，我们不进行深入分析。

上面提到的这些因素是创业风险的根本来源，除此之外，创业的风险还有几种不同的来源构成。这些来源正是构成了创业的复杂性和不确定性的主要原因，所以这些来源因素是创业者首先需要认识和了解的。

首先，资金是创业者需要面对的一个重要问题。对于大部分创业者来说，虽然能够证明自己的创业构想具有可行性，但大多数时候往往会因为没有足够的资金支持去执行自己的构想。这是每一个创业者都需要跨越过去的一道门槛，过去了就算是开始了自己的创业之路，过不去就只能让自己的创业构想依然只是一个想法。

当部分创业者成功跨越最初的创业门槛之后，创业所需要的资金支持依然是庞大的。在将自身构想逐步商业化的过程中，创业者需要持续不断的资金支持。一旦在哪一个阶段上，创业者赖以生存的资金出现了问题，那么创业者的项目就很可能无法继续进行下去。所以，对于创业者来说，资金问题永远都是一个围绕在身边的风险，而就业则不需要承担这样的风险。

其次，当创业者的构想逐渐转变为商业化的产品时，在这个过程中，创业者必须要考虑的一个因素就是市场。自己生产出来的商品是否符合市场的要求，与同类竞争商品相比是否具有低价、高质等方面的优势，这些问题都需要创业者在创业实践中一一去检验。这个过程就进一步增加了创业者的创业风险。如果依靠大量资金生产的商品没有办法为自己创造价值的话，创业者就要承担这一风险所造成的损失。

再次，创业者的角色定位对于创业的成功也有着一定的影响因素。这一点要怎样理解呢？首先创业者虽然拥有一个完善的创业构想，而且这个创业构想的实现也确实能够为创业者创造价值，那么创业者的创业就一定会成功吗？创业并不只是简单将创业构想变为现实中的商品，其中涉及的因素有很多。创业者如果并不是一个出色的管理者，那么他便很难获得创业的成功。

这之中，如果创业者不是一个优秀的管理者，那么他在实现自己创业构想的过程中就会出现各种各样的问题。人才问题、效率问题、企业的规模问题，都与创业者的管理能力有着重要的关联。所以对于创业者来说，自身能力上的短板也将会成为其创业过程中一个需要面对的风险。

最后，创业者需要面对的另一个风险就是创业过程中的"资源"问题。前面提到的资金是创业者需要获得的一个重要资源，后面还有人才、合作伙伴等各种不同的资源。如果创业者不能保证在整个创业过程中，全部拥有这些资源的话，那么创业者的创业过程也是充满风险的。

相较于就业，创业所具有的风险确实相当巨大。在整个创业过程中，每一个风险都将会对最终的创业成功造成影响，所以对于创业者来说，创业的过程是充满艰辛的。可是为什么还会有那么多人纷纷加入到创业的队伍中呢？在这里不得不提的就是创业与就业之间的收益问题。

就业的收益问题其实也很简单，日常的工资收入以及额外的绩效奖励，随着个人技能和职位的提高，就业者可以获得的利益收入也会不断增高。但相对于创业者的收益来说，就业为个人所带来的收益也就微乎其微了。

经济方面的收益自然不必多说，创业能够为创业者带来的收益远远不止经济方面。名誉、地位、权力，这些都是成功的创业者将会获得的收益，也正因如此，才会有如此多的人会纷纷加入创业者的队伍中。更为重要的一点在于，创业者通过创业的成功可以实现自我的价值，这种收益对于创业者来说是没有办法去用数值计算的。

正如经济学中所描述的一样，风险与收益之间呈现着一种正向的关系，收益越大往往意味着其中存在的风险也就越大，创业和就业同样如此。

创业就是在搏机会收益

秦峰是一个创业者，这是他对于自己的定位。虽然即将大学毕业，但秦峰却并没有寻找工作的打算。几份比较不错的工作机会都被秦峰推掉了。对此，秦峰显得不以为意。

之所以对于创业这样信心满满，其实是因为自己已经成功地进行了几次创业。秦峰在大学期间一共进行了三次创业，每一次创业都让他获得了一定的收益。所以在创业方面，秦峰认为自己拥有一定的天赋。

在大学期间，秦峰第一个创业项目是成立了一个快递存放站，所有的快递都可以存放在这里，然后由存放站的员工送到学生手中，通过这个项目，秦峰获得了自己的第一桶金。虽然秦峰的快递存放站发展得越来越大，但竞争也激烈了很多。

不久，秦峰发现了一个新的创业机会，那就是外卖服务。秦峰比较了一下这个项目与快递存放站的收益前景，最终决定放弃快递存放站，开始专心运作这个外卖服务项目。

秦峰在学校里面成立了一个"特遣队"，主要是为在校学生提供各种配送服务，以原有的快递存放站为基础，不仅提供外卖配送，只要是在学校内能够买得到的物品都可以配送到学生的宿舍。这个项目让秦峰获得了更多的收益，但最后他依然放弃了这个项目，原因是他发现了一个更能创造收益的项目。

秦峰的新创业项目是内容创作，主要是利用新媒体平台，在打造自己的新媒体平台的同时，培养自己的创作团队。秦峰在大学周边找到了一个办公楼，主要招募在校学生进行写作，按照内容的精细程度来收费。秦峰的团队不仅承接校园内的项目，更多

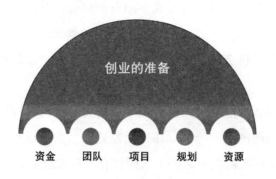

创业的准备

资金　团队　项目　规划　资源

的是承接社会上的项目。伴随着新媒体行业的火热，秦峰的团队也开始不断壮大。

对于秦峰来说，每一次创业首先要做的就是寻找机会，然后利用机会创造收益，当这个机会逐渐失去创造收益的能力时，就需要果断地放弃，然后继续寻找新的机会。

在经济学中，每一个理性的"经济人"都会想方设法地让自己的利益达到最大化，每一个人选择的方法都不同，最后达成的结果也都不尽相同。在前面的章节中，我们提到过在创业的过程中风险和收益的关系，但却并没有详细解释创业是如何让创业者获得收益的。在这一节中，我们就来详细了解一下这一问题。

李克强总理曾在政府工作报告中提到过大众创业、万众创新，可以说这是从国家的层面上，将创业、创新上升到了政策的高度。虽然在政策层面上，创业者创业已经有了一个相对良好的环境，但从根本上来说，这却并没有改变创业所具有的根本属性，创业依然是在搏机会收益。

这句话该怎样理解呢？其实从上面的故事中，我们可以对其有所了解，在秦峰大学时期的三次创业经历中，我们可以发现，每一次重新选择创业都意味着秦峰需要放弃旧有的机会。其实说到这里，在前面的章节中我们曾经讲到一个重要的经济学概念——机会成本。想要了解创业是在搏机会收益这个问题，我们还需要再去认识一下机会成本这个概念。

前面的章节也曾说过，机会成本是指为了得到某种东西而所要放弃的另一些东西的最大价值。在这里需要注意的一点是，机会成本指的是放弃的那些东西之中某一个东西具有的最大价值。

　　简单来说，有 A、B、C 三种东西可供选择，这三种东西的价值是 A>B>C，如果一个人选择了 A，那么这其中的机会成本就是 B 的价值。如果一个人选择了 B，那么其中的机会成本就是 A，而不是 A 与 C 的和。这一点是在应用机会成本时，需要注意的十分重要的一点。

　　机会收益所对应的就是机会成本，也就是当我们放弃了一个选择之后，而做出另外一个选择所失去的那部分收益。在前面秦峰的故事中，当秦峰选择进行内容创作这个项目时，他放弃了原来的外卖服务项目，这也就是说这之中的机会收益就是如果秦峰继续进行外卖服务项目所能够赚到的钱。这样来看，其实机会收益并不是一个难以理解的概念，那么为什么创业会与机会收益产生联系呢？

　　我们选择一个大学毕业生作为样本，这个大学生现在有两种不同的选择——就业与创业。当这名大学毕业生毕业之后选择直接寻找一份工作，那么这样一来，它会因为这份工作而每个月获得相应的收益。如果这个大学毕业生选择了创业，他可能会因为创业成功而获得收益。但无论这个大学生做出哪个选择，都会出现一种机会收益。选择就业，创业创造的收益就会成为机会收益，而选择创业，就业创造的收益就会成为机会收益。

　　同样的道理用在不同的创业项目之间也是如此，一个人在面对不同的创业项目时，做出选择的同时就会出现机会收益。那么这个机会收益对于我们究竟有什么意义呢？实际上，机会收益并不具有太强的现实意义，但作为我们衡量两个不同选择的一个指标，机会收益对我们还是有着一定作用的。

　　当我们在面对两个不同的选择时，如果对于两种选择所带来的机会收益有所把握的话，就能够更好地做出抉择，从而让自己获得更高的经济利益。我们说创业就是在博机会收益，创业者在面对不同的创业项目时，并没有准确的把握来计算出两个项目能为自己带来的收益，所以创业者在做出选择的同时，很大程度上是在搏机会收益。

相较于就业，创业是困难的，但收益也是巨大的。对于无数创业者来说，创业是为了更大的利益收入，但通过创业来实现自己的人生价值，才是他们始终坚持创业的最终追求。现在国家在政策层面上开始大力扶持创业者，这也意味着属于创业者的春天已经到来。每一个劳动者都可以成为创业者，每一个创业者都是一个追梦者。